www.ingramcontent.com/pod-product-compliance
Lightning Source LLC
LaVergne TN
LVHW010821051026
849532LV00007B/2590
* 9 7 8 9 3 6 9 0 8 2 3 8 4 *

سوچ کے دریچے

(علمی و تحقیقی مضامین)

عبدالماجد دریابادی

Soch Ke Dareeche (Literary Essays)
by: Abdul Majid Daryabadi
Edition: February '2026
Publisher :
Taemeer Publications LLC (Michigan, USA / Hyderabad, India)

ISBN 978-93-6908-238-4
9 789369 082384

کتاب	:	**سوچ کے دریچے**
مصنف	:	**عبدالماجد دریابادی**
بہ تعاون	:	الف یار ڈاٹ کام ویب سائٹ
صنف	:	تحقیق و تنقید
ناشر	:	تعمیر پبلی کیشنز (حیدرآباد، انڈیا)
سالِ اشاعت	:	۲۰۲۶ء
صفحات	:	۱۱۶
سرورق ڈیزائن	:	تعمیر ویب ڈیزائن

فہرست

پیش لفظ

مولانا عبد الماجد دریابادی اردو ادب و صحافت کی اُن ہمہ جہت شخصیات میں سے ہیں جنہوں نے جس میدان میں قدم رکھا، اپنا الگ اور نمایاں نقش چھوڑا۔ فلسفہ، تفسیر، صحافت، سوانح، مرثیہ نگاری، طنز و نقد۔۔۔ کوئی ایسا موضوع نہیں جس پر انہوں نے قلم اٹھایا ہو اور اہلِ علم نے اس کی وقعت تسلیم نہ کی ہو۔ ان کے ہفتہ وار کالم "سچی باتیں" نے تقریباً نصف صدی تک برصغیر کے سنجیدہ قارئین کو فکری غذا فراہم کی؛ لکھنؤ سے نکلنے والا ایک کالم ہندوستان و پاکستان کے بڑے اخبارات میں نقل ہو کر شائع ہوتا تو یہ صرف ایک صحافی کی کامیابی نہیں، ایک سوچ اور اسلوب کی سندِ قبولیت ہوتی تھی۔ بارہ بنکی کے چھوٹے سے قصبے دریاآباد کو انہوں نے اپنے نسبت نامے کے ذریعے عالمِ اردو میں ایک مستقل حوالہ بنا دیا۔

زیرِ نظر کتاب "سوچ کے دریچے" مولانا کے چار منتخب مضامین پر مشتمل ہے: "غالب کا فلسفہ"، "غالب کا ایک فرنگی شاگرد آزاد فرانسیسی"، "اردو کا ایک بدنام شاعر یا گنہگار شریف زادی" اور "حالی: اردو کا واعظ شاعر"۔ یہ چاروں مضامین بظاہر مختلف عنوانات رکھتے ہیں، مگر باطن میں ایک ہی ربط سے جڑے ہیں: ادب کے ذریعے فکرِ انسانی

کی تہہ میں اترنے کا عمل۔ مولانا دریابادی یہاں محض ادبی نقاد نہیں، ایک صاحبِ نظر متفکر کی حیثیت سے سامنے آتے ہیں جو شاعر کے اشعار، اس کی نجی زندگی اور عہد کے پس منظر کو ساتھ رکھ کر اس کے فکری خدوخال مرتب کرتے ہیں۔

"غالب کا فلسفہ" میں غالب کی شاعری کے باطن میں پوشیدہ فکری و اخلاقی نظام کا سراغ ملتا ہے؛ وہ دکھاتے ہیں کہ غالب محض غزل کے خوش گو شاعر نہیں بلکہ وجود، تقدیر، گناہ و ثواب، انسان اور خدا کے تعلق جیسے بنیادی سوالات کے متفکر بھی ہیں۔ غالب کے اشعار کو وہ فلسفیانہ متن کی طرح پڑھتے ہیں، لیکن ایسی زبان میں بیان کرتے ہیں جو عام قاری کے لیے بھی قابلِ فہم رہے۔ اسی طرح "غالب کا ایک فرنگی شاگرد آزاد فرانسیسی" میں ایک غیر مسلم، غیر مشرقی شاگرد کے توسط سے غالب کی عالمی معنویت اور ان کے کلام کے بین الثقافتی اثرات سامنے آتے ہیں؛ مولانا اس کردار کو محض ایک تاریخی حاشیہ نہیں رہنے دیتے بلکہ غالب کے فکری اثر کی وسعت کا جیتا جاگتا ثبوت بنا دیتے ہیں۔

"اردو کا ایک بدنام شاعر یا گنہگار شریف زادی" میں مولانا نے اردو تہذیب کے ایک حاشیے پر کھڑے کردار کو مرکز میں لاکر دکھایا کہ اخلاق اور گناہ کے روایتی خانوں میں انسان کو پرکھنا کتنا پیچیدہ عمل ہے۔ یہاں ان کا انداز نہ محض اخلاقی مذمت کا ہے، نہ اندھی وکالت کا؛ وہ ایک زندہ انسان کے تضادات کو اس کے سماجی اور نفسیاتی پس منظر کے ساتھ رکھتے ہیں، اور قاری کو خود سوچنے پر آمادہ کرتے ہیں کہ ادب کا کام فیصلہ سنانا نہیں، شعور کو بیدار کرنا ہے۔ "حالی: اردو کا واعظ شاعر" میں وہ حالی کی اصلاحی شاعری، ان کے وعظ کی جامعیت اور ان کے اسلوب کی فکری بنیادوں کا جائزہ لیتے ہوئے دکھاتے ہیں کہ وعظ اگر فکر کی گرمی اور زبان کی تازگی سے خالی نہ ہو تو وہ محض نصیحت نہیں رہتا، ادب

بھی بن جاتا ہے۔

ان مضامین کی اصل قوت مولانا دریابادی کا اسلوب ہے۔ زبان سادہ، رواں اور شوخ مزاج استدلال سے آراستہ؛ کہیں خود سوال قائم کرتے ہیں، کہیں قاری کے ذہن میں اٹھنے والے اعتراض کو پہلے ہی عبارت میں لاکر اس کا جواب دے دیتے ہیں؛ کبھی بول چال کی زبان سے قربت پیدا کر کے خشک فلسفیانہ بحث کو بھی دل چسپ بنا دیتے ہیں۔ فلسفہ ان کا محبوب مضمون ہے، اس لیے بحث ہمیشہ مربوط، مدلل اور ترتیبِ فکر سے مزین رہتی ہے، لیکن خشک نہیں ہوتی۔ وہ اپنے مطالعے کی وسعت، مغربی و مشرقی فلسفیانہ روایت سے شناسائی، اور دینی شعور کو اس خوبی سے یکجا کرتے ہیں کہ نہ صرف ادبی شخصیات کا ایک نیا زاویہ سامنے آتا ہے بلکہ قاری کے لیے سوچ کے نئے دریچے بھی کھلتے ہیں۔

"سوچ کے دریچے" کو محض مضامین کا ایک مجموعہ سمجھنا کم نگاہی ہو گی۔ یہ دراصل ایک بلند پایہ ادیب، صحافی اور متفکر کے ذہنی سفر کی جھلک ہے، جو غالب سے لے کر حالی تک ہمارے اہم ادبی چہروں کو ایک ایسی روشنی میں دکھاتا ہے جہاں ادب، اخلاق، تاریخ اور فلسفہ ایک دوسرے سے ہم کلام نظر آتے ہیں۔ اس کتاب کو سامنے رکھ کر نہ صرف مذکورہ ادبا کی شخصیت و شاعری کو بہتر سمجھا جا سکتا ہے بلکہ خود مولانا عبدالماجد دریابادی کے اسلوبِ نقد اور زاویۂ نظر کا بھی ایک گہرا تعارف حاصل ہوتا ہے۔ یہی خصوصیت اس مجموعے کو آج کے قاری کے لیے بھی تازہ، معتبر اور قابلِ مطالعہ بناتی ہے۔

۱

غالب کا فلسفہ

فلسفہ کے نام سے گھبرائیے نہیں۔ فلسفہ موٹے موٹے نامانوس لغات کا ثقیل، مغلق اصطلاحات کا نام نہیں۔ فلسفہ نام ہے خود شناسی کا۔ زینہ ہے خدا شناسی کا۔ ہم کون ہیں؟ کیا ہیں؟ ہمارے گرد و پیش کیا ہے؟ ہمارے جذبات کیا ہیں؟ عادات و اطوار کیا ہیں؟ خدا کیا ہے؟ ماسوا کیا ہے؟ بس یہی روزمرہ کے مسئلے ہیں، جن سے ہم کو آپ کو سب کو دوچار ہونا پڑتا ہے کبھی جان کر اور کبھی انجان۔ انہیں کو عقلی اصول پر ایک خاص نظام کے ماتحت ترتیب دے لیجئے اور لیجئے آپ فلسفی ہو گئے۔

پھر غالب غریب، کینٹ اور ہیگل کے کینڈے کے تو انسان تھے بھی نہیں۔ ایک خوش باش، زندہ دل، خوش فکر، طبیعت دار آدمی، باتیں کرتے تو ذرا گہری، نظر سطح کی نہیں، عمق کی عادی، چھلکے پر پڑ کر پھسل جانے والی نہیں، مغز تک پہنچ جانے کے خوگر، سوجھ بوجھ غضب کی۔ اپنے ان حکیمانہ تجربوں، اور عارفانہ مشاہدوں کو ادا کرتے، تو کبھی پیاری نثر میں، کبھی دلآویز نظم میں، کبھی شعر کا ساز ہاتھ میں اٹھا لیتے، کبھی نثر کے مائکروفون کو منہ لگا لیتے۔ شہرت شاعری کی زیادہ ہو گئی، ورنہ تحقیق کی زبان سے تو روایت یہ سننے میں آئی ہے کہ نظم و نثر دونوں کے ماہر تھے، مالک تھے،

بادشاہ تھے، نثر لکھنے بیٹھے تو قلم میں یہ قدرت کہ جب چاہا روتوں کو ہنسا دیا، جب چاہا ہنستوں کو رلا دیا۔ شعر کہنے پر آئے تو زبان میں یہ اثر کہ سننے والوں کو لٹا دیا۔ مرجھائے دلوں کو کھلا دیا! فطرت بشری کے راز دار ہی جو ٹھہرے اور حکمت و معرفت کے شیدائی۔ معنویت کے بول لطافت و ظرافت کے سروں میں الاپتے۔ ابھی آہ کا رنگ جما دیا، ابھی واہ کا نقش بٹھا دیا۔ یہی ان کی حکمت، یہی ان کا فلسفہ یہی ان کی شاعری کا پیام، یہی ان کی زندگی کا کارنامہ۔

دل فطرت سے شوخ لے کر آئے تھے اور دماغ بیدار، شعر کم سنی ہی سے کہنے لگے تھے، جو رنگ طبیعت کا شروع سے تھا آخر تک رہا۔ جوں جوں سن بڑھتا گیا، پختگی آتی گئی، دنیا کی بے ثباتی، کائنات کی بے حقیقی کا نقش شروع ہی سے دل پر بیٹھ گیا تھا۔ جوانی کا زمانہ رندی و سرمستی کا ہوتا ہے، جھومتے جاتے ہیں لیکن اس بیہوشی میں اتنا ہوش رکھتے ہیں۔

قطع سفر ہستی و آرام فنا ہیچ
رفتار نفس بیشتر از لغزش پا ہیچ
کس بات پر مغرور ہے اے عجز تمنا
سامان دوا وحشت و تاثیر دوا ہیچ

زبان کی سلاست، ترکیبوں کی صفائی اس سن میں کیسے آ سکتی تھی، لیکن خیال کی ندرت، طبیعت کی جدت اس نو مشقی میں بھی کچھ ڈھکی چھپی نہیں ہے۔

مہینے کا نیا چاند ہم آپ سب ہی دیکھتے ہیں، لیکن حضرت غالب کا دیکھنا ہی کچھ اور تھا۔ حکیمانہ نظر نے دیکھا اور نکتہ پیدا کیا کہ چودھویں کا جو اتنا بڑا اطباق سا چاند

ہوتا ہے وہ آخر پیدا ہوتا ہے اسی منحنی، کم رو اور خیال کی طرح نازک و باریک ہلال سے۔ گویا کمال کی بنیاد، ضعف واضمحلال ہی سے پڑتی ہے۔

بدر ہے آئینہ طاق ہلال

غافلاں! نقصان سے پیدا ہے کمال

مذہب کے تعدد سے، ظاہری رسوم کی سختیوں سے، اور فریقانہ غلو سے تنگ آ کر کہتے ہیں کہ سکون خاطر منظور ہے تو بس توحید سے لو لگا لیجئے۔ وحدت کی خانقاہ میں کنج نشین ہو جایئے اور یک داں، یک بیں، یک گو بن کر رہ جایئے۔

تا چند ناز مسجد و بتخانہ کھینچئے

جوں شمع دل بخلوت جانانہ کھینچئے

کائنات سے انسان سبق لینا چاہے، تو ذرہ ذرہ سبق دینے کو تیار ہے۔ اس میں تاج محل اور فقیر کی جھونپڑی کی تفریق کیسی؟ حقیقت شناسی کی آنکھ کے لئے بجلی کا قمقمہ اور مٹی کا دیا دونوں ایک ہیں۔ فطرت کی مشاطہ صنعت و ربوبیت کی کنگھی دست قدرت میں لئے مانگ چوٹی ان کی بھی درست کرتی ہے ان کی بھی۔ اسی مضمون کو کہیں یوں ادا کیا ہے،

محرم نہیں ہے تو ہی نواہائے راز کا

یاں ورنہ جو حجاب ہے پردہ ہے ساز کا

اور کہیں ان الفاظ میں باندھا ہے،

غافل یہ وہم ناز خود آرا ہے ورنہ یاں

بے شانہ صبا نہیں طرہ گیاہ کا

موتی کی قدر و قیمت سب جانتے ہیں، یہ فطرت بشری کا عارف کہتا ہے کہ موتی بنتا ہے پانی کے قطرہ سے، لیکن ایسا ہی پانی کا قطرہ ہے ایک اور بھی تو ہے، موتی سے کہیں زیادہ قیمتی۔ اسے حضرت انسان آنکھوں ہی آنکھوں میں رکھتے ہیں اور باہر اسی وقت نکالتے ہیں جب چوٹ پڑ لیتی ہے، دل پر نہ سہی کم از کم جسم ہی پر سہی، سلسلہ موجودات میں جس کا جیسا ظرف ویسا ہی اس کا مرتبہ،

توفیق بہ اندازہ ہمت ہے ازل سے
آنکھوں میں ہے وہ قطرہ جو گوہر نہ ہوا تھا

فرماتے ہیں کہ بشر کے گناہ بے شک بے حد و بے شمار لیکن فطرت میں جو قدرت عصیاں، سیلان فسق، طاقت گناہ رکھ دی گئی ہے وہ تو اس سے بھی کہیں زائد ہے۔ انسان گناہ کہاں تک کرے گا، جتنے بھی کرے گا پھر بھی بہت سے چھوٹ ہی جائیں گے، کر سکتا ہو گا مگر کرے گا نہیں۔ پھر کیا جب وقت جزائے کامل کا آئے گا تو عادل حقیقی کی کریمی بندہ کی اس بناوٹ کا لحاظ بھی نہ رکھے گی؟ اس مضمون کو کئی کئی طرح ادا کیا ہے کہیں یوں،

دریائے معاصی تنک آبی سے ہوا خشک
میرا سر دامن بھی ابھی تر نہ ہوا تھا

اور کہیں یوں،

ناکردہ گناہوں کی بھی حسرت کی ملے داد
یارب اگر ان کردہ گناہوں کی سزا ہے

اور کہیں یوں بھی،

آتا ہے داغ حسرت دل کا شمار یاد
مجھ سے مرے گنہ کا حساب اے خدا نہ مانگ

رات کو شبنم پڑتے ہم نے آپ نے سب نے دیکھا ہے چمن کی زمین بھیگی پڑی ہے کہ صبح آفتاب نکلا اور اس کی کرنوں کے ساتھ وہ ساری نمی رخصت۔ اس منظر پر بھی کبھی کبھی نظر پڑی ہو گی۔ غالب کی نظر اس پر بھی گڑ گئی۔ آفتاب کا کام تو زندگی دینا ہے، نشو نما بخشنا ہے اور بعض قدیم فلاسفہ کا مقولہ ہے کہ شبنم پیدا بھی آفتاب ہی سے ہوتی ہے لیکن ادھر کرن پھوٹی، ادھر شبنم کا وجود بھی رخصت ہو گیا۔ کل نے جزو کو اپنی طرف کھینچ لیا، اپنے میں جذب کر لیا۔ ظاہر میں فنا اور واقعۃً بقا حاصل ہو گئی اور کہتے ہیں فلسفہ وحدت وجود کے اندر گم ہو کر کہتے ہیں کہ یہی حال انسان کا ہے۔ ممکن الوجود کی تو عین تمنا یہی ہے کہ واجب الوجود اس پر توجہ کرے۔ اس پر تجلی رحمت کا عکس ڈالے اور اسے اپنے اندر جذب کر لے۔ بندہ کا وجود یوں بھی تو مالک کے سامنے بمنزلہ عدم کے رہتا ہے۔

پر تو خور سے ہے شبنم کو فنا کی تعلیم
میں بھی ہوں ایک عنایت کی نظر ہونے تک

اور پھر یہی شربت ایک دوسرے گلاس میں،

کیا آئینہ خانہ کا وہ نقشہ تیرے جلوہ نے
کرے جو پر تو خورشید عالم شبنمستاں کا

مخلوق کا وجود تو خود اس کی فنا کی دلیل ہے۔ وجود نہ ہو تو فنا کا عمل ہو کس چیز پر؟ مرزا فرماتے ہیں کہ بجلی کا گرنا تو سب نے دیکھا، یہ بھی دیکھا کہ بے چارے

دہقان کی کی کرائی محنت سب دم بھر میں غارت ہو گئی اور جو غلہ کا انبار تھا وہ راکھ کا ڈھیر ہو کر رہ گیا لیکن دہقان ہی نے تو آخر دوڑ دھوپ کر کے اس آفت کا محل تیار کیا تھا۔ اس آگ کے لئے مسالہ تیار کیا تھا۔

مری تعمیر میں مضمر ہے اک صورت خرابی کی
ہیولی برق خرمن کا ہے خون گرم دہقاں کا

فنا کا رنگ حضرت غالب پر شروع سے غالب رہا۔ شوخیوں اور رنگینیوں کے درمیان غالب رہا، رندی اور آزاد مشربی کے باوجود غالب رہا۔ کہیں کہیں تو یہ لے ہلکی ہے۔ دھیمے سروں میں کہتے ہیں،

نغمہائے غم کو بھی اے دل غنیمت جانیئے
بے صدا ہو جائے گا یہ ساز ہستی ایک دن

لیکن اکثر یہ مستقبل کا صیغہ حال سے بدل گیا ہے اور صاف صاف کہنے لگے ہیں کہ یہ وجود اب بھی نابود ہے اس کاروبار حیات کی مثل طلسمات نمود ہے، حقیقۃً معدوم اور صرف بہ ظاہر موجود ہے۔ کہتے ہیں،

ہستی کے مت فریب میں آجائیو اسد
عالم تمام حلقہ دام خیال ہے

برطانیہ میں ایک فلسفی عرصہ ہوا، بارکلے کے نام کا گزرا ہے۔ وہ بھی کچھ ایسی ہی تعلیم دے گیا ہے پھر کہتے ہیں،

ہاں کھائیو مت فریب ہستی
ہر چند کہیں کہ ہے، نہیں ہے

کہتے ہیں اور خوب کہتے ہیں،

عالم غبار وحشت مجنوں ہے سر بسر

کب تک خیال طرہ لیلیٰ کرے کوئی!

اور پھر کہتے ہیں، اور فلسفہ کی خشکی میں شاعری کی رنگینی پیدا کر کے کہتے ہیں،

شاہد ہستی مطلق کی کمر ہے عالم

لوگ کہتے ہیں کہ ہے پر ہمیں منظور نہیں

تلاش کیا جائے تو دیوان بھر میں شاید یہی مضمون سب سے زیادہ نکلے۔ خدا جانے کتنے مختلف طریقوں سے اسے پیش کیا ہے۔ عجب نہیں کہ محض قال نہ ہو حال ہو۔

زندگی کی تلخیوں کے تجربہ نے معتقد اس کا بھی بنا دیا تھا کہ زندگی بھر اس بند سے رہائی پانے کی کوئی صورت ہی نہیں۔ جب تک کہ انسان اس آب و گل کی دنیا میں ہے کچھ بھی کرے یہ جھگڑے بہر حال اس کا ساتھ چھوڑنے کے نہیں۔ مرزا کی آپ بیتی ان کی ذاتی نہیں نوع بشر کی آپ بیتی ہے۔ لیکن شعر کے موزوں سانچہ میں، لطیف قالب میں ادا تو انہیں کی زبان سے ہو رہی ہے

قید حیات و بند غم اصل میں دونوں ایک ہیں

موت سے پہلے آدمی غم سے نجات پائے کیوں

یہی مفہوم، ردیف و قافیہ اور وزن کی تبدیلی کے ساتھ،

غم ہستی کا اسد کس سے ہو جز مرگ علاج

شمع ہر رنگ میں جلتی ہے سحر ہونے تک

اور یہ عدم ہستی نما جو کچھ اور جیسا کچھ بھی موجود ہے اس کی بھی بساط کیا اور پائداری کتنی؟

ایک نظر بیش نہیں فرصت ہستی غافل
گرمی بزم ہے بس رقص شرر ہونے تک

بعض ادنی فلسفیوں اور ناقص قسم کے زاہدوں کو دیکھا ہو گا، خلق سے اپنے آپ کو گویا بالکل علیحدہ کر لیتے ہیں اور ترک و تجرید کے معنی یہ سمجھنے لگتے ہیں کہ ماں اور باپ، بھائی اور بہن، ہمسایہ اور ہم وطن کے حقوق کی طرف سے آنکھیں بند کر لی جائیں۔ غالب کی اصطلاح میں اس کا نام "وحشت ہے" اور ان کا فرمانا ہے کہ اس وحشت کا مستحق تو خود اپنا نفس ہے، نہ کہ دوسرے۔

وارستگی بہانہ بیگانگی نہیں
اپنے سے کر نہ غیر سے وحشت ہی کیوں نہ ہو

حسد کا علاج اکثر حکمائے اخلاق نے لکھا ہے۔ مرزا صاحب کی تشخیص ہے کہ یہ مرض پیدا ہوتا ہے تنگ نظری سے اور اس لئے ان کے مطب میں اس کا علاج نظر کی وسعت ہے۔

حسد سے دل ہے گر افسردہ سرگرم تماشا ہو
کہ چشم تنگ شاید کثرت نظارہ سے وا ہو

مذہب اخلاق کی اصل اور بنیاد بہت سے حکیموں، عارفوں کے نزدیک اخلاص ہے۔ غالب بھی اسی مشرب کے پیرو ہیں۔ ان کی شریعت شعری کا فتویٰ ہے کہ وضعداری بجائے خود قابل صد قدر و مستحق ہزار داد ہے۔

وفاداری بشرط استواری اصل ایماں ہے
مرے بتخانہ میں تو کعبہ میں گاڑو برہمن کو

بعض اہل باطن کا قول ہے کہ حکمت کاملہ کو منظور ہی جب یہ ہوا کہ بندہ فلاں، فلاں حدود کو توڑ دے تو اب بندہ کا اس سے جھجھکنا اور رکے رہنا خود ایک معصیت اور خود بینی ہے۔ یہ مضمون اب مرزا صاحب کی زبان سے سنیئے،

جب کرم رخصت بے باکی و گستاخی دے
کوئی تقصیر بجز خجلت تقصیر نہیں

یہی مفہوم ایک دوسرے دلکش و موثر انداز میں،

کر رہا ہوں میں اسے نامہ اعمال میں نقل
کچھ نہ کچھ روز ازل تم نے لکھا ہے تو سہی

عارف اور عاقل سب ہی کہتے آئے ہیں کہ نا محدود کا پورا پتہ محدود کیسے چلا سکتے ہیں اور جو مطلق ہے اسے کوئی مقید اپنی عقل و فہم کی گرفت میں کب لا سکتا ہے؟ یافت ہر ایک کی، بس اپنے مرتبہ کے لائق ہوتی ہے۔ غالب نے بھی اس حقیقت کو پایا ہے اور ذرا دیکھئے گا کس شاعرانہ بانکپن سے اسے اپنے انداز میں دوہرایا ہے۔

تھک تھک کے ہر مقام پر دو چار رہ گئے
تیرا پتہ نہ پائیں تو ناچار کیا کریں

ذات کے طالب کو بھلا تجلی صفات سے کب تسلی ہو سکتی ہے؟ غالب صوفیوں کی بتائی ہوئی، عارفوں کی سجھائی ہوئی اس حقیقت کو دوہراتے ہیں اور بیان میں شوخ

زبانی کا پیوند لگاتے جاتے ہیں، شاید اس لئے کہ شاید سننے والے کہیں بھول نہ جائیں کہ غالب، خانقاہ کے بوریہ پر نہیں، مشاعرہ کی مسند پر بیٹھے ہوئے ہیں۔

دونوں جہان دے کے وہ سمجھے یہ خوش رہا
یاں آپڑی یہ شرم کہ تکرار کیا کریں!

عبرت کا رنگ کلام میں ہمیشہ سے موجود تھا۔ سن بڑھتا گیا، اور یہ رنگ پختہ سے پختہ تر ہوتا گیا۔ یہاں تک کہ یہ قطعہ ارشاد ہوا، سر تا سر مرصع، مدۃ العمر کے تجربات کا نچوڑ، سارے فلسفہ حیات کا خلاصہ، روید اد زندگانی کا لب لباب،

اے تازہ واردان بساط ہوائے دل
زنہار گر تمہیں ہوس نائے ونوش ہے
دیکھو مجھے جو دیدہ عبرت نگاہ ہو
میری سنو جو گوش حقیقت نیوش ہے
ساقی بہ جلوہ دشمن ایمان آگہی
مطرب بہ نغمہ رہزن تمکین وہوش ہے
یاشب کو دیکھتے تھے کہ ہر گوشہ بساط
دامان باغباں وکف گلفروش ہے
لطف خرام ساقی وذوق صدائے چنگ
یہ جنت نگاہ وفردوس گوش ہے
یا صبح دم جو دیکھئے آکر تو بزم میں
نے وہ سرود وسوز نہ جوش خروش ہے

داغ فراق صحبت شب کی جلی ہوئی
اک شمع رہ گئی ہے سووہ بھی خموش ہے

قطعہ کیا ہے گویا شاعر کا وصیت نامہ۔ اس قطعہ کا زمانہ صاحب غالب نامہ کی تحقیق ہے کہ ۱۸۲۰ء ہے گویا غالب کی عمر اس وقت کل ۳۰ سال کی تھی۔ اگر یہ صحیح ہے تو کہنا چاہئے کہ غالب عین جوانی ہی میں بوڑھوں کے ہم سن ہو چکے تھے۔

آخر عمر کے خطوط، عبرت اور فنا کے مضامین سے پٹے پڑے ہیں۔ ۱۹ جون ۱۸۶۳ء کو یعنی اپنی وفات سے کوئی چھ سال قبل ایک ایک خط میں لکھتے ہیں،

"روح میری اب جسم سے اس طرح گھبراتی ہے جس طرح طائر قفس میں۔ کوئی شغل، کوئی اختلاط، کوئی جلسہ، کوئی مجمع پسند نہیں۔ کتاب سے نفرت، شعر سے نفرت، جسم سے نفرت۔ یہ جو کچھ لکھا ہے بے مبالغہ اور بیان واقع ہے۔

"خرم آں روز کزیں منزل ویراں بروم"

منزل ویراں کی ویرانی کا احساس روز بروز بڑھتا گیا۔ ایک ددوسرے مکتوب میں وفات سے ساڑھے تین چار سال قبل نومبر ۱۸۶۵ء میں تحریر کرتے ہیں،

"نمائش گاہ بریلی کی سیر کہاں اور میں کہاں! خود اس نمائش گاہ کی سیر سے جس کو دنیا کہتے ہیں، دل بھر گیا۔ اب عالم بے رنگی کا مشتاق ہو کر، لا الہ الا اللہ، لا موجود الا اللہ، لا موثر فی الوجود الا اللہ۔"

آخری زمانہ کے خطوط میں عموماً اپنا نام خاتمہ پر یوں لکھتے ہیں " نجات کا طالب غالب۔"، "مرگ ناگاہ کا طالب، غالب۔" اور ایک آخری خط کی بالکل آخری سطریں یہ ہیں،

"زندہ ہوں، مردہ نہیں، بیمار بھی نہیں، بوڑھا، ناتواں، مفلس، قرضدار، کانوں کا بہرہ، قسمت کا بے بہرہ، زیست سے بے زار، مرگ کا امیدوار غالب۔"

جوانی میں کبھی یہ شعر کہا تھا، زبانوں پر آج تک چڑھا ہوا ہے اور معنی خدا معلوم کیا کیا لئے جا رہے ہیں۔

ہم کو معلوم ہے جنت کی حقیقت غالبؔ
دل کے خوش رکھنے کو لیکن یہ خیال اچھا ہے

اردو کے اس بہترین غزل گو کی زندگی بجائے خود ایک غزل تھی، اور اس غزل کا مطلع آپ نے ابھی سن لیا ہے۔ اب مقطع بھی سن کر فاتحہ خیر کے لئے ہاتھ اٹھا دیجئے۔ حالی کی روایت ہے کہ آخر وقت بار بار اپنے اس شعر کو پڑھا کرتے۔

دم واپسیں بر سر راہ ہے
عزیزو اب اللہ ہی اللہ ہے

حاشیہ

(۱) تلمیح ہے قرآن پاک کے مقاماً محموداً کی جانب۔

***

۲

غالب کا ایک فرنگی شاگرد آزاد فرانسیسی

پچھلے نمبر کے شذرات (معارف) میں اردو کے چند فرنگی شاعروں کا جو مختصر تذکرہ آگیا تھا، ناظرین کرام نے اس سے دلچسپی کا اظہار کیا اور احباب کو یہ داستان خوشگوار اور پر لطف معلوم ہوئی۔ ان حضرات کی ضیافت ذوق کے لئے ایک فرنگی شاعر کا ذکر کسی قدر تفصیل کے ساتھ کیا جاتا ہے۔

الگزینڈر ہیدرلی ایک فرانسیسی خاندان کے رکن تھے ا ولادت غالباً ہندوستان ہی میں ہوئی تھی۔ سال ولادت تقریبا ۱۸۲۹ء۔ اٹھارہ سال کی عمر سے اردو شاعری کا شوق پیدا ہوا۔ مشورۂ سخن کے لئے کلام نواب زین العابدین خاں عارف ۲ (شاگرد عزیز مرزا غالب) اور خود غالب کی خدمت میں بھیجنا شروع کیا۔ ان حضرات کا فیض توجہ کہیئے یا خود آزاد کی طباعی کہ کچھ ہی روز میں اچھی خاصی مشق حاصل کرلی، اور کلام میں وہ پختگی آگئی جو ایک غیر قوم کے فرد کے لئے بہت بڑی بات ہے۔ عمر نے وفانہ کی۔ کل ۳۲ سال کی عمر میں ۷ جولائی ۱۸۶۱ء کو انتقال کیا۔ تاہم اس نوعمری میں کلام کا مجموعہ جس قدر ہو گیا تھا، وہ اوسط ضخامت کے دیوان کے لئے کافی تھا۔ چنانچہ وفات کے دو ہی برس بعد ان کے برادر کلاں طامس ہیدرلی نے اس دیوان کو شائع

کر دیا۔

تخلص آزاد کرتے تھے۔ اس لئے دیوان ہی دیوان آزاد کے نام سے موسوم ہے۔ ضخامت ۱۷۰ صفحہ ہے۔ مطبع احمدی آگرہ سے ۱۸۶۳ء میں شائع ہوا۔ اب بازار میں نایاب ہے۔ میرے پیش نظر کتب خانہ سرکاری رام پور کا نسخہ ہے۔

ابتدا میں دو دیباچے ہیں۔ پہلا دیباچہ فارسی میں منشی شوکت علی ساکن شاہ پور ضلع فتح پور کا ہے۔ اب یہ صاحب خود گمنام اور محتاج تعارف ہیں۔ اپنے زمانہ میں معلوم ہوتا ہے کہ مشہور منشیوں میں شمار ہوتے تھے۔ طرز بیان تقریظ نگاروں کے عام دستور کے مطابق شاعرانہ اور بعض بیانات مبالغہ آمیز۔ حمد و نعت کے بعد تحریر فرماتے ہیں،

"فنائے ہنر مند و گوہر ذکا پیوند خداوند عقل و تمیز صاحب فراست و ہر دلعزیز، مستعد ازلی الگزینڈر ہیدر لی کہ ذہن و ذکاء و خلقش ضمیر بود و سعادت و مروت اور ضمیر جاپذیر درس ہیزوہ سالگی بہ شنیدن، اشعار اساتذہ متقدمین و متاخرین طبع و قاوش در تحصیل کمالش توجہ نمود گاہ گاہ ہنگام فرصت، بمطالعہ تصانیف اوستادان پرداختے، ویا محتشم الدولہ امیر الملک محمد اسد اللہ خاں بہادر سہراب جنگ غالب متخلص و نواب زین العابدین خاں متخلص بہ عارف کہ ہر دو حضرت از اکابر امراو الادوومان دلی بودند بذریعہ مراسلات و مکاتبات استمداد سخن داشتے۔"

آگے چل کر اسی دیباچے میں یہ ذکر ہے کہ ہیدرلی کو طب میں بھی ید طولیٰ حاصل تھا۔ مریض عموماً ان کے علاج سے شفایاب ہوتے تھے، مزاج میں سخاوت و فیاضی حد سے بڑھی ہوئی تھی۔ دوائیں بلا قیمت تقسیم کرتے اور دوسرے طریقوں

سے بھی غربا کی دستگیری کرتے رہتے۔ خود عسرت سے بسر کرتے لیکن دوسروں کی حاجت روائی کے لئے قرض لینے سے بھی دریغ نہ کرتے۔ ریاست الور میں توپخانہ کے کپتان مقرر ہو کر گئے۔ اسی سال وفات پائی۔

دوسرا دیباچہ اردو میں ہے اور یہ آزاد کے بڑے بھائی طامس ہیدرلی کے قلم سے نکلا ہے۔ یہ ریاست بھرت پور میں ڈپٹی کلکٹر تھے۔ یہ دیباچہ ذیل میں تمام و کمال درج کیا جاتا ہے۔ آج سے ۸۰-۸۵ سال قبل کی ایک فرانسیسی کی اردو نثر کا نمونہ بجائے خود ایک یادگار شے ہے۔

نیاز مند درگاہ لم یزل طامس ہیدرلی ابن مسٹر جیمس ہیدرلی مرحوم بیان کرتا ہے اور اپنا راز دل صاحب دلوں پر یوں عیاں کرتا ہے کہ میرا حقیقی چھوٹا بھائی کپتان الگزینڈر ہیدرلی جوان سعادتمند شیریں، زبان دانش پیوند ابتدائے عمر میں شعر و سخن کا مائل ہوا۔ اور چند روز میں جیسا چاہئے مایہ سخنوری و معنی گستری اس کو حاصل ہوا۔ کیونکر نہ ہو طبیعت دراک تھی، فکر چالاک تھی، جو کچھ دل سے زبان تک اور زبان سے قلم تک آیا، اس نے گلہائے معنی کا ایک تختہ خوش رنگ دکھایا۔ رفتہ رفتہ اس کے کلام کی وہ صورت ہوئی کہ ہم فنون کو رشک ہوا اور دانش مندوں کو حیرت ہوئی۔

نواب زین العابدین خاں دہلی کے امیر زادہ عالی خاندان جو عارف تخلص کرتے تھے اور جناب نجم الدولہ اسد اللہ خاں بہادر غالب کے شاگرد تھے، وہ اس کے استاد تھے اور اس نوجوان کو اپنے استاد اور اپنے استاد کے استاد کے انداز پیش نظر تھے۔ اور اکثر ان کے اشعار یاد تھے۔ ہنوز برادر موصوف بہت کچھ کہنے نہ پایا تھا، بلکہ میں

کہہ سکتا ہوں کہ جو کچھ اس کے دل میں تھا، ابھی اس کی زبان پر نہ آیا تھا کہ ناگاہ وقت ناگزیر آ پہنچا اور اس سعادت مند ازلی کو پیغام اجل آ پہنچا۔ چونکہ سرکار الور میں عہدہ کپتانی پر مامور تھا۔ دنیا سے سفر کرتے وقت میری نظر سے دور تھا۔ ایسا لئیق ہونہار بھائی جس نے کل دو اوپر تیس برس کی عمر پائی۔ ساتویں جولائی ۱۸۶۱ء کو کام تمام ہوا۔ اس غم کا جس قدر بیان کیجئے، اس سے سوا ہے جو اپنا حال بنا ہے اور جس قدر غم کیا جائے بجا ہے۔ ایں ماتم سخت است کہ گویند جواں مرد، افسوس نہ فریاد میں فائدہ دیکھا نہ رونے میں تاثیر پائی، بہت روئے پیٹے، آخر صبر کرتے بن آئی۔

اشعار اس مرحوم کے جو پریشاں جابجا پڑے پائے گویا سونے میں زمرد اور یاقوت کے نگینے جڑے پائے۔ خیال آیا کہ جواہر کو بکھرا پڑا نہ رہنے دیجئے اور ان سب اشعار کو ردیف وار جمع کر کے دیوان مرتب کیجئے تاکہ جو کوئی دیکھے وہ کہے کہ اگرچہ اس شخص کی تھوڑی زندگی تھی مگر واہ اس قلیل مدت میں کیا گہر افشانی تھی۔ نہیں نہیں یہ بات نہیں ہے مجھ کو یقین ہے کہ یہ جو کاغذ پر سیاہی سے لکھے گئے ہیں سو اس کے ماتم میں سیہ پوش ہوئے ہیں۔ الٰہی یہ مجموعہ اشعار مقبول طبع ہر سخنور ہو اور الگزینڈر ہیدرلی کی روح کو حضرت یسوع کے قدم مبارک میں مغفرت میسر ہو۔

دیوان کی ابتداء قصیدہ، حمد و وحدت سے ہوتی ہے۔ اس کے بعد مسدس نعت مسیح ہے۔ انہی صفحوں میں مختلف اعزہ، احباب اور والیان ریاست کی شان میں قصائد ہیں۔ بعض اچھے خاصے طویل ہیں۔ صفحہ ۴۰۱ سے صفحہ ۱۵۶ تک دیوان غزلیات ہے۔ باقی صفحہ ۶۵ تک متفرق قطعات، مخمس، مرثیہ وغیرہ ہیں۔ حمد میں

بالکل وہی رنگ ہے جو ایک مسلمان شاعر کا ہوتا ہے۔ توحید باری کی توصیف ہر شعر میں ہے اور اس پر طرح طرح کے شاعرانہ استدلالات کئے ہیں۔ مسدس مسیحی اس لحاظ سے دلچسپ ہے کہ اس کا رنگ بالکل وہی ہے جو مسلمان شعرا کا نعت محمدی میں ہوتا ہے۔ وہی ذوق وشوق وہی تفرع والحاج اور وہی وابستگی واعتماد وشفاعت۔

تیری رحمت حامی رزق گدایان یا مسیح
تیری بخشش تاج بخش تاجداران یا مسیح
تیری شفقت ہر کس وناکس کی خواہاں یا مسیح
ہے تجھی سے نیک وبد کی مشکل آساں یا مسیح
ساقی کونین وشاہ دوجہاں تو ہی تو ہے
یا مسیحا چارہ ساز عامیاں تو ہی تو ہے

زبان میں اگر کوئی ناہمواری نظر آئے تو زبان دان حضرات گرفت کرنے سے پیشتر یہ یاد کرلیں کہ شاعر ایک غیر ملک اور غیر قوم کا شخص ہے جس کی مادری زبان کو اردو سے کوئی مناسبت نہیں، ایک اور بند اسی مسدس کا،

خسروا ازبسکہ میں میری خطائیں بے حساب
عاصیان دہر میں اعلا نہیں میرا جواب
قابل دوزخ ہوں میں اور لائق قہر وعتاب
عین نصفت ہے جہاں تک مجھ پہ ہوں رنج وعذاب
اور کچھ چارہ نظر آتا نہیں اپنا مجھے
تیری الفت پر توکل ہے شفاعت کا مجھے

ایک مخمس میں مرزا غالبؔ کی غزل "تمہیں بتاؤ یہ انداز گفتگو کیا ہے" کی تضمین کی ہے۔ پہلا بند یہ ہے،

بلا سے میں نہ سہی خاک بھی اعدو کیا ہے
تمہیں اسی کی قسم اس کی آبرو کیا ہے
زبان شوخ بیاں کا یہ حسن خو کیا ہے
ہر ایک بات پہ کہتے ہو تم کہ تو کیا ہے
تمہیں بتاؤ یہ انداز گفتگو کیا ہے

آخری بند یہ ہے،

کہا جو میں نے کہ غالب نظر نہیں آتا
نیاز آپ کی خدمت میں اب نہیں لاتا
تو بولے بہید کو آزاد تو نہیں پاتا
ہوا ہے شہ کا مصاحب پھرے ہے اتراتا
وگرنہ شہر میں غالب کی آبرو کیا ہے

ایک اور مخمس میں ناسخ کی مشہور غزل "میرا سینہ ہے مشرق آفتاب داغ ہجراں کا" کی بھی تضمین کی ہے۔

اپنے استاد نواب زین العابدین خاں عارفؔ کا طویل مرثیہ کہا ہے۔ اور بعض بعض شعر خوب نکالے ہیں۔ نمونہ حاضر ہے،

اے اہل دید دیکھ لو آنکھوں سے کیا ہے آج
میں کیا کہوں کہ دہر میں کیا ہو رہا ہے آج

یاں بعد مرگ حشر کا رکھتے تھے انتظار
لو سر پہ جیتے جی ہی قیامت بپا ہے آج
مردے عجب ہے گو نہ اٹھیں جی کے قبر سے
ہم بانگ صور نالہ اہل عزا ہے آج
ماتم سے کیوں نہ دہر میں پڑ جائے زلزلہ
تشہیر بے ثباتی ارض و سما ہے آج
پھر ہو گا شور خلق میں طوفان نوح کا
اے اہل گریہ گریہی جوش بکا ہے آج
اے جذب اتحاد یہی ہے مدد کا وقت
وہ غم میں ہم کو چھوڑ کے تنہا چلا ہے آج
اے جاں زار جانے میں یہ دیر حیف حیف
کچھ بھی سر وفا تجھے اے بے وفا ہے آج

غزلیں اکثر غالب کی زمینوں میں کہی ہیں اور ان میں صفائے بیان اور سلاست روانی و شستگی زبان کا سر رشتہ ہاتھ سے جانے نہیں دیا ہے۔ کہیں کہیں مضمون بھی بہت لطیف پیدا کیا ہے۔ بعض اشعار حسن تعلیل کا اعلیٰ نمونہ ہیں۔ ایک غزل غالب کی مشہور غزل، جو تیری بزم سے نکلا سو پریشاں نکلا پر ہے۔

میں نہ وحشت میں کبھی سوئے بیاباں نکلا
واں سے دلچسپ مرا خانہ ویراں نکلا
واعظوں سے سنا کرتے تھے جنت کا بیاں

جبکہ تحقیق کیا کوچہ جاناں نکلا

اس کی جا آج در یار پہ بیٹھا ہے رقیب

خاک خوش ہو ویں جو کل یار کا درباں نکلا

وہ رخ ہوشربا دیکھ کے کب ہوش رہا

وصل میں بھی تو نہ دل کا کوئی ارماں نکلا

اشعار ذیل ایک بہتر شاعر اور اہل زبان کے لئے بھی باعث فخر ہو سکتے ہیں،

شکل قاصد نظر نہیں آتی

نہیں آتی خبر نہیں آتی

وہ بلا کون سی ہے صحرا میں

جو کبھو میرے گھر نہیں آتی

ایک طویل غزل کا اقتباس یہ ہے،

خوش ہوں شکل سے کوئی کام جو آساں ہوتا

دور افلاک کا شرمندۂ احساں ہوتا

اب تو تا حشر نہیں ہے کوئی مرنے کا سبب

تھا مرے حق میں جو ہونا شب ہجراں ہوتا

اہل جنت سے مری روز لڑائی ہوتی

خلد بالفرض اگر کوچہ جاناں ہوتا

ہم بھی مجنوں کی طرح خاک اڑاتے پھرتے

ہوتے ویران اگر گھر نہ بیاباں ہوتا

دیکھتے وہ کبھی آئینہ کے دھوکے میں اگر
میں جو بیتاب ہوا کاش کے حیراں ہوتا
کس سے بہلائیں سگ یار کو عریانی میں
آج کام آتا وہ آزاد جو درباں ہوتا

تیسرا شعر غالباً غالب کے اس شعر کو پیش نظر رکھ کر کہا گیا ہے،

کیا ہی رضواں سے لڑائی ہو گی
گھر ترا خلد میں گر یاد آیا

ایک اور غزل کے چند شعر ملاحظہ ہوں،

تقدیر پہ شاکر رہے راضی برضا ہم
اب کس کی شکایت کریں اور کس کا گلا ہم
مت حسن پہ بھولو کہ دکھادیں گے یہ تم کو
کرتا ہے وفا حسن کہ کرتے ہیں وفا ہم
مشہور ہو سر حلقہ ارباب جفا تم
معروف ہیں منجملہ اصحاب وفا ہم
ہیں شمع صفت انجمن دہر میں آزادؔ
سر گرم رہ وادی اقلیم فنا ہم

غالبؔ ہی کی زمین میں ذیل کے دو شعر سننے کے قابل ہیں،

نہ دے جو بوسہ گیسو نہ دے، جواب تو دے
بلا سے جو تجھے دینا ہو وے شتاب تو دے

حقیقت دل خون گشتہ سر بسر ہو عیاں
ذرا وہ طرہ پر خم کو پیچ و تاب تو دے

متانت و سنجیدگی جو اکثر دہلی والوں کا حصہ ہے، آزاد کے ہاں بھی بدرجہ اتم موجود ہے۔ وصل کے بے پردہ مضامین، سوقیانہ محاورہ، ہوس پرستی اور مبتذل الفاظ و تراکیب سے ایک بڑی حد تک ان کا کلام بالکل پاک ہے۔ وہ عاشق ہیں مگر شریف عاشق، وہ معشوق رکھتے ہیں مگر ان کا معشوق زن بازاری نہیں، وہ اپنی شخصیت کے لحاظ سے مغربی ہیں، مگر ان کی شاعری میں مشرق کی بلند پایہ عاشقانہ شاعری کی جھلک پوری طرح موجود ہے، اس کا کچھ اندازہ ان کے منقولہ بالا کلام سے ہوگا اور مزید ثبوت آئندہ اشعار سے ملے گا،

ہے مگر یہ نہیں ظاہر کہ کہاں
زخم پنہاں ہے کہ ہے مسکن جاں
دل وہ دل ہے کہ سدا غم سے گداز
چشم وہ چشم کہ خونابہ فشاں
میکشو دین ہے کتنا سستا
ایک ساغر ہے بہائے ایماں
ہم نے اس شوخ کو دل میں رکھا
جب نہ پایا کوئی خلوت کا مکاں
طبع کو صرف دعا کر آزاد
ہو چکا حال و حقیقت کا بیاں

مومن خاں کی ایک مشہور غزل کا مطلع ہے،

دلبستگی سی ہے کسی زلف دوتا کے ساتھ
پالا پڑا ہے ہم کو خدا کس بلا کے ساتھ

جس غزل پر دہلی کے متعدد شاعروں نے غزلیں کہی ہیں، جن میں سالک، انور کی غزلیں اپنی اپنی جگہ پر بہت خوب ہیں، مرزا غالب کی بھی غزل دیوان ناظم (نواب یوسف علی خاں ناظم والی رامپور) میں ملے گی۔ آزاد نے بھی اس زمین میں طبع آزمائی کی ہے۔ بعض اشعار کی داد نہ دینا ظلم ہو گا۔

اڑتا ہے جسم زار ہمارا ہوا کے ساتھ
چلتے ہیں تیرے کوچہ میں باد صبا کے ساتھ
بے اعتنائیوں میں بھی کیا کیا لگاؤ ہیں
ہیں کج ادائیاں تری کس کس ادا کے ساتھ
جو ہیں، سو بس یہی ہیں مرے مشت استخواں
ہو جا شریک اے سگ جاناں ہما کے ساتھ
گویا مرا نوشتہ تقدیر ہو گیا
وہ ربط ہے جبیں کو ترے نقش پا کے ساتھ
میں جانتا ہوں جان سے تم کو عزیز تر
الفت ہوئی ہے جب تو ہوئی بے وفا کے ساتھ
عشق بتاں میں وہم سے ہوں اپنے بدگماں
کیا ورنہ دشمنی مجھے خلق خدا کے ساتھ

غالب کی اس غزل پر "مرہم کو ہم نہ روئیں جو ذوق نظر ملے" آزادؔ نے ایک دو غزلہ کہا ہے۔ چند شعر یہ ہیں،

قانع ہوں اس پہ عشق میں جو خشک و تر ملے
کھانے کو داغ پینے کو خون جگر ملے
بے درد ہو نصیب مرے مدعی کو دل
بے داغ دشمنوں کو ہمارے جگر ملے
حاصل زبس خلاف تمنا ہے کام دل
جب ہووے زہر کی ہمیں خواہش شکر ملے
آزادؔ کس کا شیخ و برہمن نہ ان سے پوچھ
ہے مفت، دین جاکے بھی وہ بت اگر ملے
افسوس خاک تک نہ ہمیں بہر سر ملے
وہ لوگ بھی ہیں جن کو اڑانے کو زر ملے
بس ہو گیا یقین کہ یہی راہ بار ہے
دل جابجا پڑے جو سر رہ گزر ملے
پھرتا ہے تو تو خلق کی آنکھوں میں رات دن
روئے زمیں پہ کس کو ترا رہ گذر ملے
آزاد ہم تو آج گذر جائیں جان سے
کوئے صنم میں جاپئے مدفن اگر ملے

اس میں شبہ نہیں کہ دیوان آزادؔ میں جابجا لفظوں اور ترکیبوں کی غلطیاں ملتی

ہیں اور بندش تو بہت سے مقامات پر سست نظر آتی ہے لیکن اس لحاظ سے کہ کلام ایک ہندی کا نہیں فرنگی کا ہے جس کو جواں مرگی نے مشاقی کا بھی پورا موقع نہ دیا، دیوان آزادؔ کو بحیثیت مجموعی بہت غنیمت بلکہ قابل قدر سمجھنا چاہئے۔ اردو کے مغربی شاعروں میں ایک اور صاحب کا دیوان نظر سے گذرا ہے۔ دیوان شورؔ اصل نام مسٹر جارج پیس تھا، غالباً میرٹھ میں قیام رہتا تھا۔ دیوان دو حصوں میں ہے۔ پہلے حصہ کی ضخامت کا خیال نہیں، دوسرا حصہ ۲۲۸ صفحے میں آیا ہے اور ممتاز المطابع پریس میرٹھ میں خود مصنف کی حسب فرمائش ۱۸۷۸ء، ۱۲۹۵ھ میں شائع ہوا ہے لیکن کلام بہت معمولی ہے۔

حاشیے

(۱) معارف (اعظم گڑھ) جنوری ۱۹۲۲ء، نظر ثانی مئی ۱۹۴۲ء

(۲) تذکرہ جمخانہ جاوید، از لالہ سری رام ایم اے

(۳) یہ وہی عارف ہیں جن کی جوان مرگی پر غالب نے وہ مرثیہ کہا ہے جس کا ایک شعر یہ ہے۔

ہاں اے فلک پیر جواں تھا ابھی عارف،
کیا تیرا بگڑتا جو نہ مرتا کوئی دن او

(یہ مرثیہ مطبوعہ دیوان غالب (اردو) میں درج ہے)

* * *

۳

اردو کا ایک بدنام شاعر یا گنہگار شریف زادی

لکھنؤ ہے اور واجد علی شاہ "جان عالم" کا لکھنؤ۔ زمانہ یہی انیسویں صدی عیسوی کے وسط کا۔ آج سے کوئی ستر پچھتر سال قبل۔ ہر لب پر گل کا افسانہ، ہر زبان پر بلبل کا ترانہ، ہر سر میں عشق کا سودا، ہر سینہ میں جوش تمنا، ہر شام میلوں ٹھیلوں کا ہجوم، ہر رات گانے بجانے کی دھوم یہاں رہس کا جلسہ، وہاں اندر سبھا کی پریوں کا پرا، ادھر زبان پر ضلع جگت اور پھبتیاں، ادھر گلے سے تانیں اور ہاتھوں سے تالیاں، گلی گلی "جنت نگاہ فردوس گوش"، چپہ چپہ "دامان باغبان وکف گل فروش۔" بڑے بڑے متین اور ثقہ، گویوں اور سازندوں کی سنگت میں، اچھے اچھے مہذب اور مقطع بھانڈوں اور ڈھاریوں کی صحبت میں سفید پوشوں کے دامن عبیر اور گلال کی پچکاریوں سے لالوں لال، جبے اور عمامے والے، پیشوازوں کی گردش پر نثار۔ غرض یہ بیسویں صدی کی اصطلاح میں "آرٹ" اور "فائن آرٹ" کا دور دورہ، عشق کا چرچا، حسن کا شہرہ۔

اس فضا میں ایک صاحب حکیم تصدق حسین نامی آنکھیں کھولتے ہیں، کوئی عالم دین نہیں، صوفی اور درویش نہیں، واعظ و مصلح نہیں، چونچلوں کے آدمی، یار

باش، رند مشرب، اہل بزم کے خوش کرنے کو شعر و شاعری کا ساز لے کے بیٹھے تو انگلیاں انہیں پردوں پر پڑیں جن کے نغمے کانوں میں رچے ہوئے تھے اور منہ سے بول نکلے تو وہی، جن کے نقش دلوں میں جمے ہوئے تھے۔ غزلیں شاید زیادہ نہیں کہیں، کہیں ہوں گی بھی تو اس وقت کسی کی زبان پر نہیں، تھوڑا بہت جو کچھ کہا۔ اس کا نمونہ ملاحظہ ہو،

کہنے میں نہیں ہیں وہ ہمارے کئی دن سے
پھرتے ہیں انہیں غیر ابھارے کئی دن سے
اک شب مرے گھر آن کے مہمان رہے تھے
ملتے نہیں اس شرم کے مارے کئی دن سے
آخر مری آہوں نے اثر اپنا دکھایا
گھبرائے ہوئے پھرتے ہو پیار سے کئی دن سے
پھر شوقؔ سے کیا اس بت عیار سے بگڑی
ہوتے نہیں باہم جو اشارے کئی دن سے

حکیم صاحب کی حکمت و طبابت سے یہاں غرض نہیں، شاعری کی دنیا میں حکیم صاحب کا نام نواب مرزا ہے اور تخلص شوقؔ اور ان کے نام کو قائم رکھنے والی ان کی غزلیں نہیں، مثنویاں ہیں۔ تذکروں میں ہے کہ خواجہ آتش کے شاگرد تھے، ہوں گے لیکن یہ مثنویاں یقیناً یا تو استاد کے بعد کی ہیں یا ان کی زندگی میں ان سے چرا چھپا کر کہی ہیں۔ ورنہ آتش کی نظر پڑنے کے بعد عجب نہیں کہ نذر آتش ہو جاتیں۔ خواجہ آتشؔ کی متانت و ثقاہت کب اس کی روادار ہوتی کہ سعادت مند

شاگرد آوارگی اور تماش بینی کی بولی ٹھولی میں وہ نام پیدا کر جائیں کہ تہذیب کی آنکھیں ان کا نام آتے ہیں نیچی ہو جائیں، اور عریاں نگاری کے وہ شرارے چھوڑ جائیں کہ ان کی یاد کی چمک دمک قائم رہے بھی تو اسی روشنی میں۔

ان مثنویوں کا نام پڑھے لکھوں کے مجمع میں لیا جائے؟ تہذیب جدید کی اجازت ہے کہ ایک مشرقی شاعر کی عریاں نگاری کی لفظی یادگاروں کا نام لیا جائے؟ نواب مرزا غریب لکھنؤ کا تھا۔ انگلستان کا نہ تھا، فرانس کا نہ تھا، امریکہ کا نہ تھا کہ اس کی ہر بے حیائی "آرٹ" کا کمال سمجھ لی جاتی، اس کی ہر عریاں نگاری پر کمال فن کی داد ملتی، اور اس کا ہر عیب ہنر بن جاتا۔ بیسویں صدی کا نہیں، انیسویں صدی عیسوی کے وسط کا تھا۔ "نئے ادب" کے دور سے بہت قبل کا تھا۔ آج کے "ترقی پسند" ہندوستان کا نہ تھا کہ اس کی ہر فحش نگاری "ترقی پسندی" کی سند اور دستاویز بن جاتی۔ بہر حال مثنویاں منسوب تو ان کی جانب کئی ایک ہیں لیکن لذت عشق کی زبان قطعاً شوق کی زبان نہیں ااور فریب عشق بھی مشکل ہی سے ان کی تسلیم کی جا سکتی ہے۔ ہاں یہ ممکن ہے، نو مشقی کے زمانہ کی کوئی ابتدائی کوشش ہو۔ یقین کے ساتھ جن دو مثنویوں کو ان کی تصنیف تسلیم کیا جا سکتا ہے ان میں سے ایک کا نام بہار عشق ہے اور دوسری کا زہر عشق۔

شہرت عام زہر عشق ہی کے نصیب میں ہوئی۔ دونوں میں نہ کوئی پلاٹ ہے اور نہ کوئی طلسم کشائی، نہ شاعر منبر پر بیٹھ کر اخلاق کا وعظ کہہ رہا ہے، نہ کالج کے لکچر روم میں تحلیل نفسیاتی کر رہا ہے۔ اسے محض اپنی ہوس ناکی کی کہانی سنانی ہے، اور یہی وہ خوب مزہ لے لے کر سنا رہا ہے۔ پھر چونکہ محض "آپ بیتی" ہی سنانی ہے

اس لئے جگ بیتی سنانے والوں کی طرح کسی دوسرے کو عاشق فرض کرنے کی بھی ضرورت نہیں پیش آتی ہے۔

بہار عشق میں افسانہ کا انجام، شادی پر ہوتا ہے۔ پیش نظر نسخہ کانپور کے مطبع علوی علی بخش خاں کا چھپا ہوا ہے۔ ۱۲۷۷ھ بمطابق ۱۸۶۱ء کا یہ نسخہ نسبتاً صحیح ہے۔ حال کے مطبوعہ نسخے، علاوہ بہت زائد اغلاط مطبعی کے آخر سے ناقص بھی ہیں۔ شادی کا ذکر ان میں غائب ہے۔ کل نظم میں آٹھ سو سے اوپر شعر ہوں گے، اشعار کی خاصی بڑی تعداد ایسی ہے جو بزرگوں کے سامنے کیا، بے تکلف دوستوں کی صحبت میں بھی پڑھنے کے قابل نہیں۔ خدا معلوم ان ذات شریف سے لکھے کیونکر گئے۔ کتاب کے شروع میں حسب دستور زمانہ بادشاہ کے مدح ہے اور سننے کے قابل ہے، ارشاد ہوتا ہے،

نوبت مدح شاہ آئی ہے
اے قلم وقت جبہ سائی ہے
کر رقم اب دعائے شاہ زماں
کہ ہے وہ ملک ہند کا سلطان
آفتاب سپہر جاہ و حشم
شاہ واجد علی شہ عالم

یہ "شاہ زماں" اور "سلطان ہند" اور "شہ عالم" اور آفتاب سپہر جاہ و حشم" کے خطابات اس وقت عطا ہو رہے ہیں جب حکومت اور بادشاہت کے سارے اختیارات چند ایکڑ اگر نہیں تو چند میل کے رقبہ تک محدود ہو کر رہ گئے تھے۔ اس

محدود چار دیواری کے اندر بھی مجال نہ تھی کہ "صاحب عالیشان ریزیڈنٹ بہادر" کے حکم کے خلاف کوئی انگلی تک ہلا سکے۔ آگے اور سنیئے!

خلق پر سایہ الٰہی ہے
مالک تاج و تخت شاہی ہے
ہے بشر، پر خدا کی قدرت ہے
نیک سیرت ہے، خوبصورت ہے
سرور خسروان عالم ہے
سچ تو یہ ہے کہ جان عالم ہے
دل تمنائی وصل او دارد!
چہ بلا شکل آرزو دارد

ان آخری شعروں میں بادشاہ کی تعریف رعایا کی زبان سے ہو رہی ہے، یا جہاں پناہ اپنے کسی محل کو یاد فرما رہے ہیں؟ قصہ کا آغاز یوں ہوتا ہے کہ ایک روز لب بام ایک ماہ لقا دکھائی دیتی ہے۔ اس کے حسن کا عکس اس آئینہ میں ملاحظہ ہو،

بام روشن ہے طور کی صورت
سر سے پا تک تھی نور کی صورت
حسن یوسف بھی اس کے آگے ماند
چہرہ زلفوں میں جیسے ابر میں چاند
گل سے رخسار، گول گول بدن
گات جس طرح قمقمے روشن

ناک میں نیم کا فقط تنکا
شوخی چالاکی مقتضا سن کا
آستینوں کی وہ پھنسی کرتی
جسم میں وہ شباب کی پھرتی
قد میں آثار سب قیامت کے
گوری گردن میں طوق منت کے
عکس رخ موتیوں کے دانوں میں
بجلیاں چھوٹی چھوٹی کانوں میں
رگ گل سی کمر لچکتی ہوئی
چوٹی ایڑی تلک لٹکتی ہوئی

یہ منظر دیکھتے ہی حکیم صاحب اپنی ساری حکمت بھول بھال سو جان سے عاشق ہو جاتے ہیں، گھر تک رسائی مشکل ہو جاتی ہے اور جب کسی طرح گرتے پڑتے پہنچتے ہیں تو اٹواٹی کھٹواٹی لے کر پڑ جاتے ہیں، غش پر غش آنے لگتے ہیں، زندگی سے یاس ہو جاتی ہے۔ ماں باپ، بھائی، بہن، دوست واحباب سب گھبرا جاتے ہیں اور طرح طرح کا دوا علاج کر کے جب اسے بے اثر پاتے ہیں تو رونے دھونے میں لگ جاتے ہیں۔ ان مرحلوں کے بعد ایک روز ایک راز دار دوست آکر حکیم صاحب کے دل کی نبض ٹٹول ان کے مرض کی تشخیص کرتے ہیں اور اس مقدس مشن پر روانہ ہو جاتے ہیں کہ ان کے گھائل کرنے والی ستم گر پری پیکر کے گھر کا پتہ لگائیں گے اور کسی دم دلاسے سے اسے گھیر گھار ان سے لا ملائیں گے۔ دریا پر پہنچ کر پہلے

گھر کی مہری کو گانٹھتے ہیں۔ یہ مہری بنی ٹھنی ہوئی خود اس انتظار میں کھڑی ہیں۔ آپ ان کی چھب تو دیکھتے ہی چلیں، زبان سے لاحول پڑھتے ہوئے لیکن نظر کو نظر سے دوچار کرتے ہوئے۔

سانولا رنگ چلبلی صورت
لال نیفہ ازار بند بڑا
گچھا ایک کنجیوں کا اس میں پڑا
کھیلتی ہنستی کھکھلاتی ہوئی
آنکھ ایک ایک سے ملاتی ہوئی
آنکھ اک ایک پر لگاوٹ کی
بات اک ایک سے گھلاوٹ کی
حسن کے دن جوانی زوروں پر
رات کی باسی مہندی پوروں پر
یہاں ٹھہری کبھی وہاں ٹھہری
دو منہ ہنس بول لی جہاں ٹھہری
آگے اور پیچھے مار، فوج کی فوج
دھینگا مشتی کسی سے گالی گلوج

یہ نہ دیکھئے کہ کیا کہا، نظر اس پر رکھئے کہ کیسا کہا۔ جیسی روح ویسے ہی فرشتہ، اگر عاشق صاحب تماش بینی میں طاق تھے تو ان کے دوست صاحب بھی کٹناپے میں شہرہ آفاق، زنانی ڈیوڑھی تک رسائی پیدا کر کرا، ان نام کی بیگم صاحب پر کچھ ایسا

افسوں پڑھا اور "عاشق صادق" پر حالت نزع کے طاری ہونے کا کچھ اس طرح سماں باندھا کہ آخر وہ ان کے بھرے میں آگئیں۔ یہ بیگم صاحبہ بھی خیر سے کچھ معصوم نادان نہ تھیں، خوب کھیلی کھائی ہوئی تھیں، لیکن پھر آخر ناقص العقل، ایک شریف بدمعاش کی قسما قسمی اور خدا رسول کے واسطوں پر یقین کر بیٹھیں، اور درگاہ حضرت عباس ۲ کی حاضری کا بہانہ کر، گھر سے سوار ہو گئیں۔ کہاروں کو پہلے ہی سے پٹی پڑھا دی گئی تھی۔ سواری آ کر لب مرگ "عاشق بیمار" کے دروازہ پر رکی۔ خدمت گار خبر دینے آتا ہے ڈیوڑھی پر ایک سواری آئی ہے لیکن خدمت گار صاحب بھی آخر کس دل پھینک مخدوم کے خادم تھے، ساتھ ہی ساتھ یہ بھی فرماتے جاتے ہیں "ایک ماما بھی آئی ہے ہم راہ۔ کتنی چالاک ہے خدا کی پناہ۔" ماما پردہ نشین نہیں بے پردہ ہے اور "حسن رہ گذرے" آپ کے اخلاق کے دار الافتاء میں "سرود خانہ ہمسایہ" ہی کی طرح وقف عام ہے۔ موقع ہے کہ آپ اپنی متانت اور ثقاہت کو خطرہ میں ڈالے بغیر چپکے سے ایک نظر، اچٹتی سہی، ادھر بھی ڈال لیں،

پوچھتی آئی ہے یہاں تک گھر
ہاتھ رکھے کھڑی ہے کولہے پر
اپنے سایہ سے بھی بھڑکتی ہے
بوٹی بوٹی پڑی پھڑکتی ہے
شرم ہے آنکھ میں نہ دل میں خطر
پھبتیاں کہہ رہی ہے اک اک پر
ہنسی ٹھٹھا ضلع جگت میں طاق

چل رہی ہے زبان تڑاق پڑاق

کھڑی اک اک کا منہ چڑھاتی ہے

ہنسے دیتی ہے لوٹی جاتی ہے

چوٹی نپٹی ہے باسی ہاروں سے

لڑ رہی ہی جگت کہاروں سے

راستے والے جو گذرتے ہیں

سن کے کانوں پر ہاتھ دھرتے ہیں

بہر حال سواری اترتی ہے۔ تخلیہ میں یکجائی ہوتی ہے۔ شہد پن کو کھیل کھیلنے کا موقع ملتا ہے۔ شرم و حیا کے حجابات اٹھ جاتے ہیں اور بے حیائی و نفس پرستی کے پردے ہر طرف چھوڑ دیے جاتے ہیں، ایک طرف ہوس ناکی کی تمنائیں ہیں، دوسری طرف انکار کی ادائیں ہیں، منت و سماجت کی دھیمی آوازیں تو خلوت گاہ کی دیواروں کے اندر گونج کر رہ جاتی ہیں، البتہ ڈانٹ پھٹکار، گرما گرم صدائیں پردہ کے باہر بھی صاف سنائی دے رہی ہیں۔

بل بے فقرہ ترا معاذ اللہ

میرے تو ہوش اڑ گئے واللہ

لوگ کہتے تھے ہے لبوں پر جان

مکر کے صدقے جھوٹ کے قربان

کون کہتا ہے زہر کھایا ہے

یہ بھی اک شعبدہ بنایا ہے

توبہ کس درجہ بے حیائی ہے
واہ کیا دیدہ کی صفائی ہے
کیا کہوں اور بے حیا تجھ کو
پھٹے منہ لعنت خدا تجھ کو
میں بڑا چکمہ کھا گئی افسوس
جو ترے جل میں آگئی افسوس
جھوٹا بدذات فلیسیا مکار
ان گنوں پر ترے خدا کی سنوار
مکر کا بانی جھوٹوں کا سرتاج
سنتے تھے فیلسوف دیکھا آج
ایسے فقروں کو کوئی کیا سمجھے
اور تو کیا کہوں خدا سمجھے

لیجئے اب تو آواز اور بلند ہو گئی، اور لہجہ میں غصہ کی تھرتھراہٹ نمایاں ہو گئی،

چربی آنکھوں پر تیرے چھائی ہے
کچھ نگوڑے کی شامت آئی ہے
کبھی آفت نہ یہ اٹھائی تھی
چھائیں پھوئیں میں نوج آئی تھی
کیا دھما چوکڑی مچائی ہے
تیری بختاوری کچھ آئی ہے

موذی، بدذات، بے حیا شرم
جانتا ہے کہ ہم ہیں گرما گرم
کس قدر صاف تیرا دیدہ ہے
ایک نٹ کھٹ حرامزادہ ہے
کون سمجھے تھے تو ادھورا ہے
ارے تو سب گنوں میں پورا ہے
میں اگر بولنے پہ آؤں گی
لاکھوں دُھرّے ترے اڑاؤں گی
ابھی سب کہہ کے سن کے رکھ دوں گی
سات پیڑھی کو پن کے رکھ دوں گی
اور وہ ہوتیاں، ہیں البیلی
میں نہیں کچی گولیاں کھیلی
گالیاں کیسی، کوسنے دوں گی
میں بھی اک اپنے نام کی ہوں گی
رحم کرنا ہے تجھ پہ نادانی
وہاں ماروں جہاں نہ ہو پانی
تیری پیسہ پہ بوٹیاں کاٹوں
چیل کوؤں کو بیٹھ کر باٹوں

یہ جو شعر آپ نے سنے پھر بہت صاف اور سنجیدہ ہیں۔ باقی اشعار کی ایک بڑی

تعداد نقل کے قابل کسی طرح بھی نہیں۔ بس یہ معلوم ہوتا ہے کہ ایک شخص نے شرم وحیا کا لباس اتار کر پھینک دیا ہے، تہذیب و شائستگی کی جانب سے آنکھیں بند کرلی ہیں اور آواز گو نکل رہی ہے انسان کے حلق سے، لیکن ہے تمام تر جذبات سفلی و حیوانی۔ ظالم نے مصوری کی یہ خداداد قابلیت کاش کسی شریفانہ نظم میں صرف کی ہوتی۔ شاعر جس ماحول میں تھا اس میں اخلاق کی پستی، جذبات کی فرومائیگی رکاکت، بے حیائی و عریاں نگاری کی کمی کچھ نہ تھی، حمام میں سب ہی ننگے تھے۔ آخر دربار اودھ کے شعرائے باکمال اور سخن گویان شیریں مقال میں کون اس میدان کا مرد نہ تھا؟ بایں ہمہ ان کاملوں کی سرداری کا تاج شوقؔ ہی کے سر پر رکھا گیا، اس بزم کی صدر نشینی نواب مرزا ہی کے حصہ میں آئی، لیکن اس صدارت و سرداری کا نتیجہ جو کچھ ہوا، وہ بھی سب پر عیاں ہے۔

آج اردو شاعری کی تاریخ میں کہیں اس غریب کے لئے کوئی جگہ ہے؟ اردو مشاہیر شعراء کی فہرست میں کسی نمبر پر ان کا نام آتا ہے؟ اکثر تذکرہ نویسوں نے ان کا یا ان کی مثنویوں کا ذکر تک بھی کیا ہے؟ شاعروں کا کوئی طبقہ آج تلمذ یا کسی دوسری حیثیت سے اپنا انتساب ان کی جانب پسند کرتا ہے، یا اس کے برعکس ان کا نام آتے ہی کچھ جھیپ سا جاتا ہے اور بے اختیار اپنی تبری کرنے لگتا ہے؟ نقادان شعر کے حلقوں میں، سخن سنجوں کی صحبتوں میں، پڑھے لکھے اور شریف گھرانوں میں نواب مرزا شوقؔ اور ان کی مثنویوں کی کچھ بھی وقعت اور پرسش ہے؟

کلام کا کچھ نمونہ اوپر گذر چکا اور بہت کچھ ابھی آنے کو ہے۔ محاورات پر یہ عبور، بیگمات کے روزمرہ پر یہ قدرت، زبان کی یہ صحت، بیان کی یہ سلاست،

جذبات نگاری کی یہ قوت، کیا ہر شاعر کے نصیب میں آتی ہے؟ ان تمام حیثیات سے شوقؔ کا کلام اردو کے کسی شاعر سے فروتر ہے؟ پھر آخر اس بے التفاتی کی وجہ؟ شوقؔ کی کس مپرسی کا کوئی سبب؟ وجہ ظاہر اور سبب واضح ہے۔ مشرق، کم از کم اسلامی مشرق، اپنی جبلت کے لحاظ سے مجبور ہے کہ قدر شرم وحیا کے جذبات کی کرے، عزت کی مسند پر جگہ شرافت کے لئے خالی کرے اور اپنا سر عصمت وعفت کی تصویروں کے آگے خم کر دے۔ بے حیائی، عریاں نگاری، اور تحریری شہدپن کی عزت ووقعت اس کی سرشت کے مخالف ہے۔

جس طرح فرد ایک مخصوص طبیعت اور خاص مزاج رکھتا ہے، ہر قوم کا بھی ایک مخصوص مزاج ہوتا ہے، ہر تمدن کی بھی ایک مخصوص سرشت ہوتی ہے۔ قومی زندگی کی جو کارروائیاں اس عام مزاج وسرشت کے مخالف ہوتی ہیں، وہ کبھی قوم کے قوام میں نہیں داخل ہونے پاتیں، قومی تمدن کا مستقل نظام انہیں اپنے میں جذب کرنے، قبول کرنے اور اپنا جزو بنانے سے انکار کر دیتا ہے۔ نظام تمدن کا ایک بڑا مظہر ہر قوم کا شعر وادب ہوتا ہے۔ شوقؔ کی کھلی ہوئی عریاں نگاری، مشرق کے ذوق سلیم کے مخالف تھی، بگڑی اور اجڑی ہوئی تہذیب اسلامی کے بھی منافی تھی، اس لئے اسلامی مشرق نے شوقؔ کی تمام دوسری شاعرانہ خوبیوں کے باوجود ان کے لئے اپنی فہرست مشاہیر میں کوئی جگہ نہ رکھی۔ اور نام کو بالکل "گم نام" ہونے سے بچا کر کھا بھی تو "بدنام" کرکے زندہ رکھا۔

مشرق کا صوفی بگڑے گا، بہکے گا، تو بندگی میں خدائی کے دعوے کرنے لگے گا۔ یہ نہ ہوگا کہ مغرب کے ترقی یافتہ حکیم کی طرح اپنی انسانیت کو بھلا کر فخر اپنے

بندر ہونے پر کرنے لگے، بے ہوش ہو جائے گا، بد حواس نہ ہو گا۔" بگڑنے پر بھی بات اس کی بنا کی۔" جان عالم کا ہندوستان، بھانڈوں اور سازندوں کا ہندوستان، لاکھ بگڑنے پر بھی اپنے سے اتنا بیگانہ نہیں ہوا، اپنے کو اتنا نہیں بھولا کہ کوئلہ کا نام ہیرا رکھ دے، اور پیتل کو سونا سمجھنے لگ جائے۔

غرض نواب مرزا کی اپنی پست مذاقی اور مبتذل نگاری کی سزا، مشرق کی معدلت گاہ سے ملی اور بجا طور پر ملی، لیکن وہ خود بھی آخر مشرقی ہی تھا، باوجود انتہائی بے حیائی کے یہ ناممکن ہوا کہ چوری کے جرم پر سینہ زوری کا بھی اضافہ کرے۔ لارڈ بائن اور آسکر وائلڈ کی سی یہ جرأت و جسارت کہاں سے لا سکتا تھا کہ گندہ نظم اور گندہ تر نثر کو شعر و ادب کا بہترین نمونہ کہہ کر پیش کرتا۔ یہ بے باکی اور ڈھٹائی نیویارک کے ایوننگ گریفک، لندن کے نیوز آف دی ورلڈ اور لندن لائف، ممبئی کے ٹائمز آف انڈیا، السٹریٹڈ ویکلی اور اسی مرتبہ کے اور اونچے اونچے فرنگی اخباروں رسالوں ہی کے حصہ میں آئی ہے، لفظ و عبارت ہی نہیں، فوٹو اور تصویریں تک زیادہ سے زیادہ عریاں چھاپتے رہیں، اور نام "آرٹ" کی ترقی کا یا صحت کے رکھ رکھاؤ کا لے دیا کریں!

غریب مشرقی کا تخیل بھی یہاں تک نہیں پہنچ سکتا تھا۔ عمل میں کیسی ہی شرمناک کمزوریاں اور کوتاہیاں ہوں لیکن ایمان میں فحش و بے حیائی کا جواز داخل نہ تھا۔ اپنے شہدپن کی کہانی سنانے کو تو سنا ڈالی لیکن معاً یہ خیال بھی سامنے آگیا کہ خود تو جی بھر کے تباہ ہو چکے، نہ ہو کہ داستان فسق دوسروں کے لئے سامان تباہ کاری بن جائے۔ آخر مشرقی تھے، مسلمان تھے، بات کو انجام تک پہنچاتے پہنچاتے خود

اپنے انجام کا بھی خیال آ گیا۔ اٹھے تھے، شیطان پورہ کی دلالی کرنے، رخ خود بخود خانقاہ کی جانب پھر گیا۔ اور ابتدا میں جس کی حمد میں زبان کھلی تھی،

کس زباں سے کروں صفات خدا
کیا بشر سمجھے کنہ ذات خدا
جب نبی یوں کہے کہ اے مالک
ماعرفناک حق معرفتک

انتہا میں بھی اسی کا خوف غالب آ گیا اور اسی کی خشیت نے قلب کو لرزا دیا۔ زبان اب چل رہی ہے اور مضمون عشق ہی پر چل رہی ہے لیکن اب وہ سراپا فسق نہیں، ذرا کان لگا کر تو سنیئے یہ ایوان عشق میں داستان فسق بیان ہو رہی ہے، یا ذکر و شغل کے حلقہ میں تسبیح و تہلیل ہو رہی ہے؟

اب سنیں صاحبان عقل و شعور
ہے یہ دنیا تمام مکر اور زور
شہد ظاہر میں زہر اندر ہے
جس قدر اس سے بھاگے بہتر ہے
صاحب عقل کو نہیں ہے زیب
کہ اٹھائے جہاں میں رہ کے فریب
سب یہ دنیا سرائے فانی ہے
عشق معبود جاودانی ہے

ہائیں! یہ کیا سے کیا ہو گیا! ابھی تو شرافت اور متانت کانوں میں انگلیاں

دیے ہوئے تھی اور اب ہے کہ آنکھیں بچھا دینے کو تیار! کہاں ابھی گلفام و سبز پری کا سوانگ جما ہوا تھا اور کہاں رومی و غزالی کے مواعظ کا دفتر کھل گیا۔

کہتے ہیں صوفیان صافی دل
کہ ہے عشق خدا بہت مشکل
عشق اللہ کا جو مائل ہو
ترک دنیا کرے تو حاصل ہو
اب یہ لازم ہے جو کہ ہے انساں
ترک دنیا کرے بہر عنواں
کوئی الفت نہ بے وفا سے کرے
عشق کرنا ہے تو خدا سے کرے
چار دن کی یہ زندگانی ہے
جو ہے اس کے سوا وہ فانی ہے
ہے وہ مستجمع جمیع صفات
لائق سجدہ ہے اسی کی ذات
وہی اول میں ہے وہی آخر
وہی باطن میں ہے وہی ظاہر
کون سی جا ہے جس جگہ وہ نہیں
چاہئے ہے نگاہ وحدت بیں

تلقین زہد و موعظہ معرفت سے طبیعت اکتا چلی ہو، تو بس تھوڑے صبر کی اور

ضرورت ہے۔ چند ہی شعر باقی رہ گئے ہیں،

لکھتے ہیں صوفیانِ باتوقیر
عشق اللہ ہے عجب اکسیر
جس کو اس در تلک رسائی ہے
دین و دنیا کی بادشاہی ہے
مثل سیماب دل کی ہے تاثیر
خاک ہو جائے تب بنے اکسیر
دنیا کہتے ہیں جس کو پردہ ہے
باقی اللہ کے سوا کیا ہے
منکشف اس کی کیا حقیقت ہو
وہی جانے جسے بصیرت ہو
پردے اٹھ جائیں جب جدائی کے
حال اس دم کھلیں خدائی کے

یہ کس کا کلام ہے؟ کسی صوفی خرقہ پوش کا؟ کسی زاہد خلوت گزیں کا؟ کسی فقیر تارک دنیا کا؟ یا اسی حیا دشمن کا جو ابھی ابھی اپنی سیہ کاری کی داستان مزے لے لے کے سنا رہا تھا؟ اس بد نام مشرقی کے مقابلہ میں مغرب کے نیک ناموں کے پاس کیا ہے؟ یہ ننگ مشرق تھا۔ جو فخر مغرب ہیں، سوال ان کی بابت ہے۔ یہ مشرقی تخیل کا اسفل سافلین تھا، لیکن جو مغربی تخیل کا اعلیٰ علیین ہے اس کے صحن چمن میں گلگشت کے بعد، پند و موعظت، سلوک و معرفت، عبرت و اخلاق کے کتنے گلدستے

تیار ہوسکتے ہیں؟

(۲)

نواب مرزا کا شاہکار بہار عشق نہیں زہر عشق ہے، اس کے نام کو بری یا بھلی جو کچھ بھی شہرت حاصل ہے، اسی زہر عشق کے طفیل میں ہے۔ یہ مثنوی بہار عشق سے چھوٹی ہے۔ کوئی پانچ سو شعر ہوں گے، بحر وہی، زبان وہی، طرز بیان وہی، لیکن درد و اثر کے اعتبار سے اس سے بڑھ چڑھ کر۔ بہار عشق کا خاتمہ وصل کی شادمانی پر ہوا تھا، زہر عشق کا انجام ہیروئن کی خودکشی اور عاشق کے اقدام خودکشی پر ہوتا ہے۔ بہ حیثیت مجموعی یہ نظم بہار عشق کے مقابلہ میں بہت مہذب اور سنجیدہ ہے۔ عریانی اس میں اگر ہے بھی تو بس اتنی جتنی ہر عاشقانہ افسانہ میں ہوتی ہی ہے۔ ہیروئن اس کی بھی کوئی عصمت مآب نہیں لیکن دوسری طرف کوئی "لکھا بیسوا" بھی نہیں۔ ایسا معلوم ہوتا ہے کہ کسی شریف گھرانے کی ایک الھڑ لڑکی، نوعمری کی نادانیوں میں مبتلا ہوگئی ہے، تاہم غیرت وعزت سے بالکل ہاتھ نہیں دھو بیٹھی ہے۔

لکھنؤ میں شروع شروع تھیٹر کا رواج ہوا تو کسی کمپنی نے اس تماشہ کو اسٹیج پر بھی دکھایا تھا۔ پرانے لوگوں سے یہ روایت سننے میں آئی ہے کہ گنہگار کنواری کے جنازہ کا اٹھنا اور اس کے پیچھے غم زدہ والدین کا ماتم کرتے ہوئے چلنا اور پچھاڑیں کھا کر گرنا، جب دکھایا گیا تو تماشہ گاہ ایک بزم عزا بن گئی، لکھنؤ کی نزاکت، قیامت خیز واقعیت کی نقل کا بھی تحمل نہ کر سکی۔ ہچکیوں اور سسکیوں کا تار بندھ گیا۔ بعض کو غش آگئے اور ایک آدھ نے شاید خودکشی کی بھی ٹھان لی۔ اس پر تماشہ کا دکھانا قانوناً ممنوع ہوگیا اور کتاب کی اشاعت بھی عرصہ تک بند رہی۔ اب چند سال ہوئے لکھنؤ

کے مطبع مجتبای نے پھر شائع کیا ہے۔ میرے پیش نظر اس مطبوعہ نسخہ کے علاوہ ایک بد خط قلمی نسخہ بھی ہے، اندازے سے کوئی پچاس ساٹھ سال ادھر کا لکھا ہوا۔ کتاب کے سرنامہ پر حمد باری و نعت رسول کی مہریں ثبت ہیں،

لکھ قلم پہلے حمد رب ودود

کہ ہر ایک جاپہ ہے وہی وجود

ذات معبود جاودانی ہے

باقی جو کچھ کہ ہے وہ فانی ہے

ہمسر اس کا نہیں، ندیم نہیں

سب ہیں حادث، کوئی قدیم نہیں

مدح احمد زبان پر کیونکر آئے

بحر کوزہ میں کس طرح سے سمائے

ذات احمدؐ کو کوئی کیا جانے

یا علی جانے یا خدا جانے

آگے چل کر بجائے جہاں پناہ کی مدح کے ۱۰-۱۲ اشعار عشق کی تعریف و تعارف میں ہیں، ان میں سے بعض شعر اپنی صفائی اور روانی کی بنا پر عام زبانوں پر چڑھ گئے ہیں۔

عشق سے کون ہے بشر خالی

کر دیے اس نے گھر کے گھر خالی

پڑتے ہیں اس میں جان کے لالے

ڈالتا ہے جگر میں یہ چھالے
اس سے امید رکھنا ہے بے جا
بھائی مجنوں سے کیا سلوک کیا
آتش ہجر سے جلاتا ہے
آگ پانی میں یہ لگاتا ہے
مار ڈالا تماش بینوں کو
زہر کھلوا دیا حسینوں کو

قصہ کا آغاز یوں ہوتا ہے،

جس محلہ میں تھا ہمارا گھر
وہیں رہتا تھا ایک سوداگر

اس کے ایک نو عمر حسین لڑکی تھی، ماں باپ کی آنکھ کا تارا، لکھی پڑھی، نستعلیق، ایک روز اپنے کوٹھے پر آئی، نواب مرزا سے آنکھیں چار ہو گئیں۔ یہ حضرت تو اپنا دل نذر کرنے کے لئے ہر وقت ہتھیلی پر لئے پھرتے ہی تھے، کھٹ سے عاشق ہو گئے اور اپنے ماں باپ کے سامنے خوب خوب فیل لائے۔ اب کی عشق یک طرفہ نہ تھا، ادھر بھی اثر ہو چکا تھا، ایک روز ایک ماما نامہ شوق چپکے سے لا کو شوق کے ہاتھ میں دے گئی۔ خوشی سے کانپتے ہوئے ہاتھوں اور خوشی سے پرنم آنکھوں کے ساتھ کھول کر پڑھا،

ہو یہ معلوم تم کو بعد سلام
غم فرقت سے دل ہے بے آرام

شکل دکھلا دے کبریا کے لئے
بام پر آ ذرا خدا کے لئے

دل کی چوٹ بری ہوتی ہے۔ لڑکی محبت کی ماری، عقل و ہوش سے اندھی ہو چکی ہے۔ پھر بھی شریف زادی ہے، اس لئے قلم اس سے زیادہ بے حیائی پر نہیں اٹھ سکتا، فوراً اپنی خودداری کو یوں سنبھالتی ہے،

سارے الفت نے کھو دیے اوسان
ورنہ یہ لکھتی میں خدا کی شان
اب کوئی اس میں کیا دلیل کرے
جس کو چاہے خدا ذلیل کرے
اس محبت پہ ہو خدا کی مار
جس نے یوں کر دیا مجھے ناچار

عاشق صاحب یہ پڑھ کر بھلا جامہ میں کہاں سما سکتے تھے۔ ایک جواب بحر طویل میں دھر گھسیٹا۔ جا و بیجا، نا مناسب سب ہی کچھ زبان قلم نے اگل ڈالا، ادھر سوداگر زادی بھی بڑی برق دم نکلیں، انہیں کے جوڑ کی۔ کھوٹے کھرے مال کی خوب پرکھ رکھتی تھیں۔ پیام شوق پڑھ کر خوب لطف لیا۔ اور ہنس کے بولی کہ "واہ واہ کیا خوب۔" جواب لکھنے بیٹھی تو بسم اللہ یوں کی "کچھ قضا تو نہی ہے دامن گیر۔" اور پھر خوب خبر لی،

ذکر ان باتوں کا یہاں کیا تھا
چھیڑنے کو یہ تیرے کہا تھا

یہ تو لکھے تھے سب ہنسی کے کلام
ورنہ ان باتوں سے ہے کیا کام
مجھ کو ایسی تھی تیری کیا پروا
بام پر تو بلا سے آ، کہ نہ آ
تم پہ مرتی، میں کیا قیامت تھی
کیا مرے دشمنوں کی شامت تھی
میری جانب سے یہ گماں کیا خوب
جھوٹ جم جم سے ہے بہت مرغوب
کالا دانہ ذرا اتروالو!
رائی لون اس سمجھ پہ کر ڈالو
دیکھ تحریر فیل لائے آپ
خوب جلدی مزے میں آئے آپ

چند روز اسی طرح مزہ مزہ کی نوک جھونک جاری رہی۔ اس کے بعد ایک جمعرات کو وہی درگاہ کی زیارت کا چلتا ہوا فقرہ کام آیا۔ شامت کی ماری کی سواری، والدین کے گھر سے چلی اور نواب مرزا کی ڈیوڑھی پر آکر رکی۔ آگے جو کچھ ہونا تھا ہوا۔ شرافت لٹی، عزت ڈوبی، آمد ورفت کا سلسلہ اس کے بعد قائم ہو گیا۔ لیکن یہ چوری چھپے کی ملاقات کب تک راز رہ سکتی تھی۔ گھر والوں کو ٹوہ لگ گئی، اور والدین نے اپنی رسوائی دفع کرنے کو یہ تجویز کیا کہ لڑکی کو لکھنؤ سے دور شہر بنارس میں کسی عزیز کے پاس پہنچا دیا جائے۔ ادھر لڑکی کو بھی سن گن مل گئی۔ دل نے کہا کہ ہاتھ

کٹ جانے کی بات ہے۔ باپ کو بھی آخر اس روسیاہی کی خبر ہوگئی۔ اب ان کا سامنا کیا کیسے جائے گا؟ اس زندگی سے تو موت بھلی! نوعمری کا زمانہ، دل دنیا کی تلخیوں سے ناآشنا، حوصلے زندہ، اور ولولے تازہ، سامنے دنیا اور اس کی بہاریں۔

ابھی لڑکی ہی ہے، کوئی پیرزال نہیں۔ کچھ بیمار دکھی بھی نہیں۔ بس بات کیا ہے، صرف اتنی کہ رگوں میں مشرقی شرافت کا خون گردش کر رہا ہے۔ دماغ میں خاندانی روایات کی یاد محفوظ ہے، دل میں غیرت و حمیت کی آن باقی ہے۔ جان جیسی عزیز چیز سے ہاتھ دھونا گوارا لیکن اس کی برداشت نہیں کہ سب عزیزوں، قریبیوں کی نظروں میں ذلیل و رسوا ہو کر زندگی بسر کی جائے۔ بس یہ دل میں ٹھان آخری ملاقات کے لئے عاشق کے پاس آتی ہے۔ جان دینا تو عاشقوں کا کام سمجھا جاتا ہے یہاں جان دینے پر وہ آمادہ ہے جو خود اس قابل ہے کہ دوسرے اس کے اوپر اپنی جانیں فدا کرتے!

تھی نہ فرصت جو اشک باری سے

اتری روتی ہوئی سواری سے

شیکسپیر نے اپنے ڈراموں میں عاشق و معشوق کی جدائیوں اور وداعی ملاقاتوں کے منظر بارہا دکھائے ہیں۔ خودکشی، اقدام خودکشی، اور مصنوعی خودکشی کے منظروں سے بھی اس کے صفحات خالی نہیں۔ اور رومیو جولیٹ کے بعض سماں تو بہت ہی مؤثر اور درد انگیز سمجھے جاتے ہیں لیکن ہے اس فرنگستان کے مشہور و ممتاز ڈرامہ نگار کے ہاں کوئی منظر جو اثر و عبرت انگیزی میں مشرق کے اس بدنام شاعر کے کھینچے ہوئے نقشہ کا مقابلہ کر سکے؟ خیر وہ حسرت نصیب آتی ہے اور کہتی ہے،

اقربا ہوگئے مرے آگاہ
تم سے ملنے کی اب نہیں کوئی راہ
وہ چھٹے ہم سے جس کو پیار کریں
جبر کیونکر یہ اختیار کریں
گو ٹھکانے نہیں ہیں ہوش و حواس
پر یہ کہنے کو آئی ہوں ترے پاس

لیجئے کہاں ابھی غفلت کے قہقہے بلند ہو رہے تھے اور کہاں عبرت کا درس شروع ہو گیا۔ دنیا اور اس کی ساری دلفریبیاں ایک ایک کر کے رخصت ہو رہی ہیں، اب سابقہ پڑنے کو ہے بندی کا اپنے مالک سے، کمزور کا زور والے سے، بے بس کا قدرت والے سے، غفلتیں دور ہو گئیں، مدہوشیاں کافور ہو چلیں، شمع جھلملانے لگی، چہرہ پر زردی چھاگئی، اب نہ جوانی میں وہ لذت و سرور، نہ حسن و رعنائی میں وہ پندار و غرور۔ اب ندامتیں ہیں اور اشکباریاں، عبرتیں ہیں اور آہ وزاریاں۔ موت کی آمد بے شک ہر غافل کو اسی طرح جھنجھوڑ کر ہوشیار کر دیتی ہے،

جائے عبرت سرائے فانی ہے
مورد مرگ ناگہانی ہے
اونچے اونچے مکان تھے جن کے
آج وہ تنگ گور میں ہیں پڑے
کل جہاں پر شگوفہ و گل تھے
آج دیکھا تو خار بالکل تھے

بات کل کی ہے نوجوان تھے جو

صاحب نوبت ونشان تھے جو

آج خود ہیں نہ ہے مکاں باقی

نام کو بھی نہیں نشاں باقی

غیرت حور مہ جبیں نہ رہے

ہے مکاں گر تو وہ مکیں نہ رہے

کوئی لیتا نہیں اب اس کا نام

کون سی گور میں گیا بہرام

کل جو رکھتے تھے اپنے فرق پہ تاج

آج وہ فاتحہ کو ہیں محتاج

تھے جو خود سر جہان میں مشہور

خاک میں مل گیا سب ان کا غرور

عطر مٹی کا جو نہ ملتے تھے

نہ کبھی دھوپ میں نکلتے تھے

گردش چرخ سے ہلاک ہوئے

استخواں تک بھی ان کے خاک ہوئے

تاج میں جس کے ٹکتے تھے جوہر

ٹھوکریں کھاتے ہیں وہ کاسہ سر

رشک یوسف جو تھے جہاں میں حسیں

کھا گئے ان کو آسمان وزمیں

ہر گھڑی منقلب زمانہ ہے

یہی دنیا کا کارخانہ ہے

ہے نہ شیریں نہ کوہ کن کا پتہ

نہ کسی جانل ودمن کا پتہ

بوئے الفت تمام پھیلی ہے

باقی اب قیس ہے نہ لیلیٰ ہے

صبح کو طائران خوش الحان

پڑھتے ہیں کل من علیہافان

موت سے کس کو رستگاری ہے

آج وہ کل ہماری باری ہے

موت کے تصور سے اچھے اچھے دلیر اور سورما لرز اٹھتے ہیں، یہ تو بے چاری ایک پردہ نشیں لڑکی ہی تھی، کمسن و نادان، یہ وصیتیں کرتے وقت اس کے جسم نازک کے اندر کے قلب نازک کیا حالت ہو گی؟ آنسوؤں کی جھڑی لگی ہوئی ہے، دل کا ہول بڑھتا جاتا ہے، چہرہ پر ایک رنگ آتا ہے ایک جاتا ہے۔ کلیجہ میں پنکھے لگے ہوئے ہیں، زبان لڑکھڑا رہی ہے، آواز تھرا تھرا رہی ہے۔ الفاظ پورے پورے ادا نہیں ہو پاتے۔ پھر بھی تقدیر کے نوشتہ پر صبر کر کے، طبیعت کو سنبھالتی جاتی ہے، آنسو پونچھتی جاتی ہے اور کہتی ہے۔

ہم اگر جان دے دیں کھا کے سم

تم نہ رونا ہمارے سر کی قسم
دل کو ہم جولیوں میں بہلانا
یا مری قبر پر چلے جانا
جا کے رہنا نہ اس مکان سے دور
ہم جو مر جائیں تیری جان سے دور
روح بھٹکے گی گر نہ پائے گی
ڈھونڈنے کس طرف کو جائے گی
روکے رہنا بہت طبیعت کو
یاد رکھنا مری وصیت کو
میرے مرنے کی جب خبر پانا
یوں نہ دوڑے ہوئے چلے آنا
جمع ہولیں سب اقربا جس دم
رکھنا اس وقت تم وہاں پہ قدم
کہے دیتی ہوں جی نہ کھونا تم
ساتھ تابوت کے نہ رونا تم
ہو گئے تم اگرچہ سودائی
دور پہنچے گی میری رسوائی
لاکھ تم کچھ کہو نہ مانیں گے
لوگ عاشق ہمارا جانیں گے

طعنہ زن ہوں گے سب غریب وامیر
قبر پر بیٹھنا نہ ہو کے فقیر

گنہ گار سوداگر زادی اپنے گناہ کا احساس رکھتی تھی، خلق میں اپنی رسوائی سے شرماتی تھی، کوئی امریکی آرٹسٹ، کوئی فرنگی "فلم اسٹار" نہ تھی، کہ فخر اپنی بے حیائی پر اور ناز اپنی سیاہ کاری پر کرتی۔ گناہ گار بننا قسمت میں لکھا کر آئی تھی، سو بن چکی، لیکن گناہ کی اشاعت کی روادار کسی حال میں نہ تھی۔ دامن عصمت داغدار ہونا تھا، ہو چکا، پھر بھی عزت کے معنی سے واقف تھی، شرافت کی قدر و قیمت پہچانتی تھی۔ پردہ پوشی کے لئے کیسی کیسی منت وسماجت کرتی ہے،

سامنا ہو ہزار آفت کا
پاس رکھنا ہماری عزت کا
جب جنازہ مرا عزیز اٹھائیں
آپ بیٹھے وہاں نہ اشک بہائیں
میری منت پہ دھیان رکھئے گا
بند اپنی زبان رکھئے گا
تذکرہ کچھ نہ کیجئے گا
نام منہ سے نہ لیجئے گا مرا
اشک آنکھوں سے مت بہایئے گا
ساتھ غیروں کی طرح جایئے گا
آپ کاندھا نہ دیجئے گا مجھے

سب میں رسوا نہ کیجئے گا مجھے
ساتھ چلنا نہ سر کے بال کھلے
تا کسی شخص پر نہ حال کھلے
ذکر سن کر نہ میرا رو دینا
میری عزت نہ یوں ڈبو دینا

کہتے ہیں مرد کی خاطر عورت اپنے کو مٹا دیتی ہے، فنا کر ڈالتی ہے۔ کم از کم ہندوستان کی عورت کا تو بے شک یہی حال ہے۔ خود تو جان دے رہی ہے مگر یہ اب بھی گوارا نہیں کہ مرد کا رویاں میلا ہو، تشفی و تسلی کا دھیان آخری سانس تک قائم ہے،

رنج کرنا نہ میرا میں قرباں
سن لو گر اپنی جان ہے تو جہاں
دے نہ اس کو خدا کبھی کوئی درد
ہوتا نازک کمال ہے دل مرد
دل میں کڑھنا نہ مجھ سے چھوٹ کے تو
جان دینا نہ گھونٹ گھونٹ کے تو
رو کے کرنا نہ اپنا حال زبوں
تا نہ ہو جائے دشمنوں کا خوں
کبھی آجائے گر ہمارا دھیان
جاننا ہم پہ ہو گئی قربان

دل میں کچھ آنے دیجئو نہ ملال

خواب دیکھا تھا کیجئو یہ خیال

پھر ملاقات دیکھیں ہو کہ نہ ہو

آج دل کھول کر گلے مل لو

خوب سا آج دیکھ بھال لو تم

دل کی سب حسرتیں نکال لو تم

دل میں باقی رہے نہ کچھ ارمان

خوب مل کر گلے سے میں قربان

حشر تک ہوگی پھر یہ بات کہاں

ہم کہاں، تم کہاں یہ رات کہاں

دل کو اپنے کرو ملول نہیں

رونے دھونے سے کچھ حصول نہیں

اپنی آنکھوں سے ندی نالے جاری کر رکھے ہیں، لیکن مرد کے چہرہ کی اداسی دیکھنا بھی گوارا نہیں،

رونہ اس طرح سے تو زار و قطار

دشمنوں کو کہیں چڑھے نہ بخار

کر نہ رو رو کے اپنا حال زبوں

ارے ظالم ابھی تو جیتی ہوں

اشک ہوتے ہیں ناگوار ترے

تو نہ رو ہو گئی نثار ترے

ایسے قصے ہزار ہوتے ہیں

یوں کہیں مردوئے بھی روتے ہیں

تو سلامت جہاں میں رہ میری جان

نکلیں ماں باپ کے ترے ارمان

واسطے میرے اپنا دل نہ کڑھا

چاند سی بنو گھر میں بیاہ کے لا

ہے یہی لطف زندگانی کا

دیکھ سکھ اپنی نوجوانی کا

حسن بے ثبات کی نیرنگیاں ختم ہو رہی ہیں، عشق فانی کی ساری لذتیں ایک ایک کر کے یاد آرہی ہیں، اور چل چلاؤ کے وقت نفس پر ہجوم کر رہی ہیں،

کل گلے سے کسے لگاؤ گے

یوں کسے گود میں بٹھاؤ گے

ہم تو اٹھتے ہیں اس مکان سے کل

اب تو جاتے ہیں اس جہان سے کل

یاد اتنی تمھیں دلاتے جائیں

پان کل کے لئے لگاتے جائیں

دیکھ لو آج ہم کو جی بھر کے

کوئی آتا نہیں ہے پھر مر کے

ختم ہوتی ہے زندگانی آج
خاک میں ملتی ہے جوانی آج
سمجھ اس کو شب برات کی رات
ہم ہیں مہمان تمہارے رات کی رات
پھل اٹھایا نہ زندگانی کا
نہ ملا کچھ مزہ جوانی کا
باغ عالم سے نامراد چلے
دل میں لے کر تمہاری یاد چلے
پھر کہاں ہم کہاں یہ صحبت یار
کر لو پھر ہم کو بھینچ بھینچ کے پیار
لہر پھر چڑھ رہی ہے کالوں کی
بو سنگھا دو تم اپنے بالوں کی
پھر ہم اٹھنے لگیں بٹھالو تم
پھر بگڑ جائیں ہم منالو تم
پھر لبوں کو چبا کے بات کرو
پھر ذرا مسکرا کے بات کرو

یہ آخری راز و نیاز کتنی دیر؟ یہ زندگی کا آخری اختلاط کے گھڑی؟ جھلملاتی ہوئی چراغ کے آخری بھڑک کب تک؟ مادی لذتیں ختم اور جسم کے مزے ایک ایک کر کے تمام ہو رہے ہیں۔ ناسوتی صحبتوں کا تار تار بکھرنے کو ہے۔ نفس کی ماری

ہوئی لیکن غیرت دار گنہگار مگر گناہ کی معترف، عزت لٹائے ہوئے لیکن بہر حال پاس عزت رکھنے والی پردہ نشیں کی آنکھوں سے پردے ہٹ رہے ہیں۔ آج ختم ہو رہا ہے، کل شروع ہو رہا ہے، حسن و جوانی، نزاکت و رعنائی، چہرہ کا رنگ و روغن، سب کی نمود مٹی ہی سے تھی اور سب مٹی میں ملے جارہے ہیں۔ رفاقت پر کوئی آمادہ نہیں۔ حاضری اس دربار میں در پیش ہے، جہاں بدکاری الگ رہی، ایک ایک بد نظری کا پورا پورا حساب درج ہے، سامان اس مالک کا کرنا ہے جس نے خلاف قانون آنکھ اٹھانے تک پر باز پرس رکھی ہے۔ روبکاری اس حاکم کی عدالت میں ہے جس کی ہیبت سے بڑے بڑے متقی اور صالحین لرزتے رہتے ہیں۔

یہ نازک جسم اور نازک تر قلب رکھنے والی، گناہوں کے بوجھ سے لدی ہوئی، حرام موت مرنے والی لڑکی، اس نازک گھڑی میں آخر کس کا سہرا پکڑے، اور کس کی نگاہ کرم کی آس لگائے؟ اے ہر مشکل کو آسان کرنے والے! اس دکھیاری کی مشکل کو تو ہی آسان کر، تیری ہی ستاری کا دامن اس بے چادر کی پردہ پوشی کر سکتا ہے۔ تیرے ہی بحر مغرفت کا ایک قطرہ اس بدنصیب کے نامہ عمل کی سیاہیاں دھو ڈالنے کے لئے کافی ہے۔ تیری یاد سے غفلت بے شبہ تھی، پر تیری حکومت سے سر کشی نہ تھی۔ نفس کی لغزشیں یقیناً تھیں پر تیرے احکام سے جان کر بغاوت نہ تھی۔ ایمان کی ٹمٹماتی ہوئی روشنی ڈھارس بندھاتی ہے۔ فاتحہ، قرآن خوانی اور دعائے خیر کی قدر "آج" کنگھی چوٹی کے مشغلہ نے نہ کرنے دی، "کل" کے لئے سب سے زیادہ قیمتی چیزیں یہی نظر آرہی ہیں،

اب تم اتنی دعا کرو میری جان

کل کی مشکل خدا کرے آسان
اگر آ جائے کچھ طبیعت پر
پڑھنا قرآن میری تربت پر
غنچہ دل مرا کھلا جانا
پھول تربت پہ دو چڑھا جانا
دیکھئے کس طرح پڑے گی کل
سخت ہوتی ہے منزل اول
میرے مرقد پر روز آنا تم
فاتحہ سے نہ ہاتھ اٹھانا تم
گو میں دنیا سے روسیاہ چلی
لیکن اپنی سی میں نباہ چلی
جی کو تم پر فدا کیا میں نے
حق وفا کا ادا کیا میں نے

کانپتے ہوئے جسم، زار و قطار آنکھوں، لرزتی ہوئی زبان کے ساتھ، دل کی بیتی بیان ہو رہی تھی کہ رات تمام ہو جاتی ہے۔ اور اس کمسن نازنین کے ڈوبتے ہوئے دل کی طرح آسمان کے تارے بھی ایک ایک کر کے ڈوبنے لگتے ہیں۔ صبح کا گھڑیال بجتا ہے اور اس کے ساتھ ناسوتی کرشموں کے جنجال میں پھنسے ہوئے جوڑے کی آخری ملاقات بھی اس عالم آب و گل میں ختم ہو جاتی ہے۔ کلمہ کی آواز کبھی کی سنی سنائی کان میں پڑی ہوئی تھی، وہی اس آڑے وقت پر کام آتی ہے،

ہو گیا فرط غم سے چہرہ زرد
دست و پا تھر تھرا کے ہو گئے سرد
بید کی طرح جسم تھرایا
سر سے لے پاؤں تک عرق آیا
باتیں جو کرتی تھی سو بھول گئی
دم لگا چڑھنے سانس پھول گئی
بولی گھبرا کے رہیو اس کے گواہ
کہالا الہ الا اللہ
اب فقط ہے یہ خون بہا
بخش دیجو کہا سنا میرا
سر سے لے کر بلائیں تابقدم
بولی تم پر نثار ہوتے ہیں ہم
آگ لگ جائے وہ گھڑی کم بخت
بام پر آئی تھی میں کون سے وقت

یہ کہا اور سوار ہو گئی، چند گھنٹوں کے بعد محلہ میں شور و شین برپا ہوا، جا کر دیکھا تو سوداگر کے گھر میں کہرام مچا ہوا ہے۔ گنہگار شریف زادی نے جو کہا تھا کر دکھایا، جوانی کی نیند مشہور ہے لیکن یہ زہر کھا کر وہ نیند سوئی تھی جس میں قیامت تک بیداری نہیں۔ یہ ہے "آغاز" کی بدمستیوں کا "انجام۔" پھولوں کی سیج پر رات بسر کرنے والی کو آخری چادر وہی کفن کی نصیب ہوئی، اتنی جلد، کم سنی میں ایسی ایسی آنا

فاناًجوان جہان اولاد، نازوں کی پالی اکلوتی اولاد، کون انسانی سینہ ہے جو اس داغ کو آسانی سے برداشت کر سکے؟

لڑکی ماں کی آنکھ کا تارا، باپ کے کلیجہ کا ٹکڑا، اندھیرے گھر کا چراغ، سات بیٹوں سے بڑھ کر پیاری تھی، گھر بھر میں کیا معنی، محلہ بھر میں ہنگامہ محشر برپا ہو گیا۔ بوڑھے والدین کی یہ حالت کہ کھڑے پچھاڑیں کھا کھا کر گرتے تھے، اور بین کچھ اس درد کے ساتھ کر رہے تھے کہ اپنے تو خیر اپنے تھے، راہ چلتے بیگانوں کی ہچکیاں بندھ بندھ جاتی تھیں۔ گھر کی بڑی بوڑھیاں جنھوں نے گودوں میں کھلا کھلا کر پالا تھا، نہالچوں پر تھپک تھپک کر سلایا تھا، ساتھ کی کھیلی ہوئی سہیلیاں اور ہمجولیاں، کوئی پردہ کے اندر، کوئی پردہ کے باہر، دوپٹہ کا ہوش نہ چادر کی خبر، منہ پیٹنے، بال نوچنے میں مصروف، غسل و کفن کے بعد جب جنازہ مرتب ہو کر چلا ہے تو اس سج دھج کے ساتھ کہ بن بیاہی نامراد کے تابوت پر دھوکا بیاہی ہوئی دلہن کے ڈولے کا۔ بے شک دلہن ہی تھی۔ آج رخصتی اس دیس کو ہو رہی تھی جہاں سے پھر کوئی میکہ واپس نہیں آتا،

شامیانہ نیا زری کا ہے
نیچے تابوت اس پری کا ہے
سہرا اس پر بندھا ہے اک زرتار
جیسے گلشن کی آخری ہو بہار
عود و سوز آگے آگے روشن تھے
مر گئے پھر بھی لاکھ جوبن تھے

بھیڑ تابوت کے تھی ایسی سات
جیسے آئے کسی دلہن کی برات

خیر اور تو جس پر جو بیت رہی تھی، تھی ہی، اس مامتا کی ماری کا کیا حال تھا جس کی ہری بھری گود ابھی کالی کرائی گئی تھی۔ عمر بھر کی کمائی دم کے دم میں واپس لے لی گئی تھی۔ کلیجہ ابھی ابھی تیروں سے چھد چکا تھا۔ کس انسانی قلم میں قدرت ہے کہ اس کے داغ دل کا نقشہ صفحہ کاغذ پر کھینچ سکے! آہ کہ جس کے دل میں بیٹی کی مانگ بھرنے کا ارمان ڈالا گیا تھا، اسی کے ہاتھوں اس لاڈلی کو کفن پہنوایا جارہا ہے! آہ کہ جو آنکھیں بیٹی کا سہاگ دیکھنے کے انتظار میں نور حاصل کر رہی تھیں، انہیں کو اسے سیکڑوں من مٹی کے نیچے دفن ہوتے دکھا کر بے نور کیا جارہا تھا۔

نواب مرزا! تجھ پر رحمت، تیری روح پر رحمت کہ تو نے کوکھ اجڑ جانے والی ماں کے جذبات کی تصویر بھی کاغذ پر اتار کر رکھ دی ہے۔ ماں کے منہ سے یہ بول نکل رہے ہیں یا دل و جگر کے ٹکڑے کٹ کٹ کر آنکھ اور زبان کی راہ سے خارج ہو رہے ہیں،

تیری میت پہ ہو گئی میں نثار
کم سخن ہائے میری غیرت دار
دل پہ جو گذری کچھ بیان نہ کی
کچھ وصیت بھی میری جان نہ کی
کچھ نہیں ماں کی اب خبر تم کو
کس کی یہ کھا گئی نظر تم کو

دل ضعیفی میں میرا توڑ گئیں
بیٹا ماں کو کس پہ چھوڑ گئیں
تازہ پیدا جگر پہ داغ ہوا
گھر مرا آج بے چراغ ہوا
دل کو ہاتھوں سے کوئی ملتا ہے
جی سنبھالے نہیں سنبھلتا ہے
زہر دے دے کوئی تو کھا جاؤں
یا زمیں شق ہو میں سما جاؤں
داغ تیرا جگر جلاتا ہے
چاند سا مکھڑا یاد آتا ہے
بیاہ تیرا رچانے پائی نہ میں
کوئی منت بڑھانے پائی نہ میں
تیری صورت کے ہو گئی قربان
چلیں دنیا سے کیسی پر ارمان
ہوئی کس بات پر خفا بولو
اماں واری ذرا جواب تو دو
بولتی تم نہیں پکارے سے
اب جیوں گی میں کس سہارے سے
کیا قضا نے جگر پہ داغ دیا

آج گھر میرا بے چراغ کیا

نکلا ماں باپ کا نہ کچھ ارمان

ہائے بیٹی نہ تم چڑھیں پروان

ایسی اماں سے ہو گئیں بے زار

لی نہ خدمت بھی پڑ کے کچھ بیمار

عمر کٹنی تھی ایسے صدمہ میں

ٹھوکریں تھیں بدی بڑھاپے میں

مشرق کے بدنام سخن گو، اردو کے بدنام شاعر، رخصت! تو درد بھرا دل رکھتا تھا، تیری یاد بھی درد والوں کے دلوں میں زندہ رہے گی۔ تو نے موت کو یاد رکھا، تیرے نام پر بھی موت نہ آنے پائے گی۔ تو نے غفلتوں اور سرمستیوں کی داستان کو خوب پھیلایا، شاید کسی کی رحمت بے حساب پر تکیہ کر کے لیکن انہیں غافلوں اور سر مستوں کو موت و انجام کی یاد دلا دلا کر بھی خوب رلایا، کسی کی عظمت بے پایاں کا خوف کر کے۔ عجب کیا کہ خدائے آمرزگار، اس عالم کا ستار اور اس عالم کا غفار، تیری خطاؤں اور لغزشوں کو اپنے دامن عفو و مغفرت کے سایہ میں لے لے، اور تیرے کلام کے درد و عبرت، تیرے بیان کے سوز و گداز کا اثر بھی تجھے عطا کرے، اپنی ہی رحمت کی مناسبت سے، اپنے ہی کرم کے حساب سے!

حاشیے

(۱) ۱۹۲۷ء میں یہ محض قیاس سے لکھا گیا تھا۔ ۱۹۴۲ء میں لذت عشق کا ایک بہت قدیم مطبوعہ نسخہ لکھنؤ یونیورسٹی کے پروفیسر مسعود حسن صاحب رضوی کے کتب خانہ میں نظر

سے گذرا۔ اس کے سرورق پر تصریح ہے کہ یہ مثنوی شوق کی نہیں، شوق کے ہمشیرہ زادہ ایک
اور حکیم صاحب کی ہے۔

(۲) لکھنؤ کے غربی حصے میں ایک مشہور شیعی زیارت گاہ۔

(۳) یہ صورت حال ۱۹۲۷ء کی بیان ہوئی۔ دور "ترقی پسندی" کے طلوع ہونے سے بہت قبل۔ اس وقت خود اس مقالہ کا لکھنا اور اسے بھری مجلس میں سنانا، ذرا جرأت ہی کا کام تھا۔

(۴) اور اب تو وہ دونوں غریب بھی ڈی۔ ایچ۔ لارنس اور جوائس اور ان جیسے بیسیوں اہل
قلم مردوں اور خاتونوں کے آگے گرد ہو کر رہ گئے ہیں۔

(۵) ملاحظہ ہو انگلستان کے رسالہ Healfer Effeincy کے چند نمبر۔

***

۴

حالی: اردو کا واعظ شاعر

آج سے کوئی ۲۵ سال ادھر کی بات ہے۔ الہلال افق کلکتہ سے نیا نیا طلوع ہوا تھا اور ملک کی ساری فضا ابو الکلامی ادب و انشاء کے غلغلہ سے گونج رہی تھی، کہ ایک روز اس کے کسی مقالہ کے ذیل میں یہ شعر نظر سے گزرا،

تعزیر جرم عشق ہے بے صرفہ محتسب
بڑھتا ہے اور ذوقِ گنہ یاں سزا کے بعد

پڑھتے ہی طبیعت بے چین ہو گئی، لطف لے لے کر خدا جانے کتنی بار پڑھا، درج صرف شعر تھا شاعر کا نام نہ تھا، دل نے کہا اور اس کہنے میں تامل و تذبذب کی کوئی ضرورت نہ سمجھی کہ شعر غالب کا ہے، دیوان غالبؔ میں پڑھنا یاد اگر نہیں پڑتا، نہ سہی، دیوان مطبوعہ میں اگر موجود نہیں نہ ہو، رہ گیا ہو گا۔ لیکن ہے یقیناً غالب کا۔ اس مسلم استاد کے سوا اور کون ایسا کہہ سکتا ہے؟ غالبؔ کا اتنا پختہ رنگ بجز خود غالبؔ کے اور کہیں مل ہی کہاں سکتا ہے؟

حاضری اسی درمیان میں ایک روز مولانا شبلی کے ہاں ہوئی (اکثر ہوتی ہی رہتی تھی۔) ذکر اس شعر کا آیا، ارشاد ہوا کہ غالبؔ کا نہیں حالیؔ کا ہے۔ ہائیں یہ کیا ارشاد

ہوا؟ کہاں مولوی حالیؔ اور کہاں یہ شعر؟ بے چارے ایک سیدھے سادے واعظ قسم کے آدمی، روکھے پھیکے اشعار کے ناظم، انہیں غزل اور پھر غزل کے کسی پھڑکتے ہوئے شعر سے مناسبت کیا؟ شعر کے سارے تیور استاد غالب کے، تخیل وہی، بند ش وہی، زبان وہی، حالیؔ کے کلام میں نہ حسن بیان، نہ لطف زبان، نہ یہ روح، نہ یہ جان!، نہ تخیل میں رعنائی، نہ طرز ادا میں زیبائی! غرض دل نے کچھ جھنجھلا کر اور کچھ خفیف ہو کر یہ ساری جرحیں کر ڈالیں لیکن حقیقت بہر حال حقیقت ہی رہتی ہے۔ دیوان حالی اٹھا کر دیکھا تو غزلیات کی ردیف دال میں شعر اپنی جگہ پر موجود!

کون حالی؟ وہی جن کے تغزل و تشبیب کی کوئی وقعت دل میں تھی ہی نہیں، بس شروع سے یہ خیال ہوا تھا کہ غزل کی رنگینیوں اور رنگین بیانیوں سے انہیں واسطہ کیا، ایک خشک نظم نویس، کلام میں عاشقانہ مضامین کا قحط، بندشیں سست، خدا غریق رحمت کرے دور اول کے اودھ پنچ کو اور بھلا کرے اس کے نقادان فن اور شہسوار سخن کا۔ یہ اسی کا فیض تھا کہ ایک عامی اور مبتدی طالب علم ہی کے نہیں خدا جانے کتنے پڑھے لکھوں، پختہ کاروں، لائق فائق زباں دانوں کے دل میں بس یہی رچا ہوا تھا۔ ادھر حالی کا نام آیا اور ادھر کلام کی بے نمکی، بے اثری، روکھے پن کی تصویر آنکھوں ک سامنے پھر گئی!

بات دل سے نکلتے ہی نکلتی ہے، اس ایک شعر سے کیا ہوتا ہے۔ شعر کیسا ہی بامزہ سہی، بہر حال ہے تو ایک ہی۔ اور دو ایک بامزہ شعر کس کے ہاں نہیں ملتے؟ مشق کرتے کرتے معمولی شاعر بھی دو چار شعر تو اچھے سے اچھے نکال ہی لاتا ہے۔ اچھا تو آج کی صحبت میں یہی نہ ہو کہ ہم آپ مل کر دیوان حالی کے اوراق الٹ

پلٹ، ادھر ادھر سے دیکھ ڈالیں۔ عجب نہیں کہ کچھ اور چیزیں بھی ہاتھ آجائیں اور یہ گھنٹہ پون گھنٹہ کی محنت محض رائیگاں نہ جائے۔ دیوان کھولیے ردیف الف میں ایک مطلع یہ ملے گا،

فطرت میں تری صوفی، گر نور صفا ہوتا
توسب میں ملا رہتا اور سب سے جدا ہوتا

اس غزل میں فرماتے ہیں،

ہم وقتِ وداع ان سے ہنس ہنس کے ہوئے رخصت
رونا تھا بہت ہم کو روتے بھی تو کیا ہوتا

وداع ورخصت کے بڑے بڑے رقت انگیز مضمون آپ کی نظر سے گزر چکے ہوں گے لیکن حسرت ویاس کی جو تصویر اس رونے میں نہیں، ہنسی میں دکھا دی گئی ہے، اس کا بھی کوئی جواب ہے؟ اور پھر فرماتے ہیں،

جو جان سے در گزرے، وہ چاہے سو کر گزرے
گر آج نہ تم آتے کیا جانیے کیا ہوتا

عاشق کی جانبازی کے افسانے بھی بھی سب دہراتے چلے آئے ہیں لیکن اس "کیا جانیے کیا ہوتا" کے کنایہ کے اندر جو بات ہے، وہ کی تصریح کے بعد پیدا ہونی ممکن ہے؟ ناصح اور عاشق کی مڈ بھیڑ دنیائے شاعری کی بڑی پرانی حکایت ہے حالی بھی ایک بار ملتے ہیں۔

جو دل پہ گزرتی ہے، کیا تجھ کو خبر ناصح
کچھ ہم سے سنا ہوتا، پھر تو نے کہا ہوتا

حالی نہ لڑتے ہیں نہ جھگڑتے، ایک آہ سرد بھر کر صرف اتنا کہتے ہیں اور کہہ کر چپکے ہو جاتے ہیں کہ، کچھ ہم سے سنا ہوتا، پھر تو نے کہا ہوتا۔ ناصح کو بے درد، بے حس، سب نے مانا ہے، یہاں عاشق کو اپنی داستان درد کی درد انگیزی پر اس درجہ اعتماد ہے کہ اس کے خیال میں وہ ناصح کے دل پر اثر کیے بغیر رہ نہیں سکتی، پتھر آخر کیسے موم ہو کر نہ رہے گا، کوئی فولاد اتنا گرم ہو بھی تو۔ نشان نہ تھا، گمان نہ تھا، اس زمین میں خوب خوب گل بوٹے کھلائے ہیں،

آتے ہی ان کے بھول گئیں کلفتیں تمام
گویا ہمارے سر پہ کبھی آسماں نہ تھا
رونا یہ ہے کہ آپ بھی ہنستے تھے ورنہ یاں
طعن رقیب دل پہ کچھ ایسا گراں نہ تھا
تھا کچھ نہ کچھ کہ پھانس سی اک دل میں چبھ گئی
مانا کہ اس کے ہاتھ میں تیر و سناں نہ تھا

کہیے خشک نظم نگاروں کا کلام ایسا ہی ہوتا ہے؟ اور آگے چلیے،

بزم دشمن میں نہ جی سے اترا
پوچھنا کیا تیری زیبائی کا

بدگمانی کے لیے غیر کا سایہ پڑ جانا بھی کافی ہو جاتا، یہاں عین بزم رقیب میں رونقِ محفل بنا ہوا دیکھتے ہیں اور یہ کمال دل ربائی ہے کہ جی پھر بھی نہ ہٹا۔ کمال اپنا نہیں، اپنے وفور عشق کا نہیں، تمام تر انہیں کا، انہیں کے حسن بے پایاں کا "پوچھنا کیا تیری زیبائی کا۔" گویا جمال بھی انہیں کا اور کمال بھی انہیں کا۔ غالب کا مشہور مطلع

ہے''

محرم نہیں ہے تو ہی نوا ہائے راز کا

یاں ورنہ جو حجاب ہے پردہ ہے ساز کا

یہی زمزمہ ذرا حالی کی زبان سے سنیے اور واہ واہ کرتے رہ جایئے،

تھی ہر نظر نہ محرم دیدار ورنہ یاں

نہ خار نخل ایمن و ہر سنگ طور تھا

تجلیات حق کہاں نہیں؟ دکھائی نہ دیں تو قصور اپنی نظر کا ہوا یا حسنِ نامحدود کا؟ شعر یہ کہا ہے اور اپنی ساری متانت و ثقاہت کے باوجود، حضرت زاہد کے دامن پر چھینٹے ڈالتے چلے گئے ہیں،

جانی نہ قدر رحمت حق پارسا نے کچھ

ٹھہرا قصوروار اگر بے قصور تھا

زاہدوں کی قسمت میں تو مزدہی مزد ہے۔ محض رحمتِ حق کا نزول ظاہر ہے کہ انہیں پر ہوگا جو اپنی سیہ کاریوں کے باعث حقدار ذرا سے بھی اس رحمت کے نہ ہوں گے؟

شوخی اور طراری، دو الگ الگ چیزیں ہیں۔ اور ظرافت کے لیے یہ ہرگز ضروری نہیں، کہ اس کے ڈانڈے عریانی و فحاشی سے مل مل جائیں۔ حالی شریف ہیں اور متین۔ اول میں بھی متین آخر میں بھی متین، ذہانت، شوخی، ظرافت، طنز، موجود ان کے ہاں سب کچھ لیکن متانت کی شان سب پر غالب، گویا حضرت اکبر الہ آبادی کا پورا جواب۔ یہاں ہر منظر پر ذہانت کا پردہ پڑا ہوا وہاں ہر چہرہ پر ظرافت کا

غازہ لگا ہوا۔ ان کا یہ رنگ کہ روتے ہوئے کو بھی گدگداتے جائیں۔ ان کا یہ بھی ڈھنگ کہ ہنسی آئے بھی تو پہلے منہ پر رومال رکھا دیں۔ ایک کے ہاں تمام تر شوخی و رنگینی، دوسرے کے ہاں ایک ذرا اداسی اور غمگینی! ایک کے ہاں قہقہوں اور تالیوں کا شور، دوسرے کے ہاں ادب، لحاظ اور قاعدہ کا زور۔ ایک کی مجلس طرب افروز، دوسرے کی صحبت سبق آموز۔ ان کے میز پر شراب و کباب، ان کے دواخانہ میں بید مشک اور عرق گلاب۔

باتیں سب عاشقوں والی کہے جاتے ہیں لیکن وہی
نالہ رکتا ہوا، تھمتی ہوئی فریاد رہے!

زبان سے جو بول ادا ہوتا ہے نیچی نظروں، شرمیلی نگاہوں کے ساتھ۔ لغزش مستانہ کے بجائے ہر قدم سلامت روی کی تصویر، لیکن کلام میں حلاوت اس درجہ کہ پڑھتے جائیے اور دل ہی دل میں مزے لیتے جائیے،

دل سے خیال دوست بھلایا نہ جائے گا
سینے میں داغ ہے کہ مٹایا نہ جائے گا

مطلع تو معمولی ہے لیکن آگے گلکاریاں ملاحظہ ہوں،

تم کو ہزار شرم سہی، مجھ کو لاکھ ضبط
الفت وہ راز ہے کہ چھپایا نہ جائے گا
راضی ہیں ہم کہ دوست سے ہو دشمنی مگر
دشمن کو ہم سے دوست بنایا نہ جائے گا

بڑھتے بڑھتے یہاں تک پہنچتے ہیں،

کیوں چھیڑتے ہو ذکر نہ ملنے کا رات کے
پوچھیں گے ہم سبب تو بتایا نہ جائے گا

ذرا ان بزرگ کی کم سخنی ملاحظہ ہو۔ کچھ نہ کہنے پر سب کہہ جاتے ہیں، رات کے نہ ملنے کی وجہ ظاہر ہے، وعدہ تھا کس سے اور پورا جا کر کہاں ہوا وہی "کجامی نماید کجامی زند" کی پرانی داستان، کوئی دوسرا شاعر ہوتا تو کھل کھیلتا اور "معاملہ" کے پہچان جانے کی علامتیں خدا جانے کیا کیا بیان کر جاتا۔ ایک حالی کی متانت ہے کہ صراحت الگ رہی، کسی اشارہ کے بھی روادار نہیں، وہی نیچی نگاہیں اور زبان پر صرف اس قدر کہ عپو چھیں گے ہم سبب تو بتایا نہ جائے گا۔ پھر آگے کہتے ہیں،

ملنا ہے آپ سے تو نہیں حصر غیر پر
کس کس سے اختلاط بڑھایا نہ جائے گا

یہاں استاد مومن کا بھی ایک مطلع یاد کر لیجئے،

کیونکر یہ کہیں منتِ اعدا نہ کریں گے
کیا کیا نہ کیا عشق میں کیا کیا نہ کریں گے

خاکساری کے مضامین آپ نے بارہا سنے ہوں گے، کیسی کیسی نازک خیالیاں اس میں صرف ہو چکی ہیں اور تعلی تو ہمارے شاعر حضرات کی گویا جاگیر ہی ہے، اب ذرا دیکھیے کہ اردو کا واعظ شاعر ان دونوں اضداد کو کس بلاغت سے جمع کرتا ہے اور ایک مختصر سے شعر کے اندر کس نادر اور اچھوتے انداز سے تعلی سے خاکساری پیدا کر رہا ہے اور خاکساری سے تعلی نکال رہا ہے۔

ہم نے ہر ادنیٰ کو اعلیٰ کر دیا

خاکساری اپنی کام آئی بہت

بیت الغزل سن چکے تو اب مطلع اور ایک آدھ شعر اور بھی ملاحظہ میں آجائیں،

گو جوانی میں تھی کج رائی بہت

پر جوانی ہم کو یاد آئی بہت

وصل کے ہو ہو کے ساماں رہ گئے

مینہ نہ برسا اور گھٹا چھائی بہت

آرہی ہے چاہ یوسف سے صدا

دوست یاں تھوڑے ہیں اور بھائی بہت

کہیے اب بھی حالیؔ دہلی کے نرے کھرے "واعظ" رہے؟ وہی خشک اور بے مزہ پھیکی اور بے اثر نظم کہنے والے رہے؟ اور پھر اس غزل کے بعد یہ غزل،

ان کے جاتے ہی یہ کیا ہو گئی گھر کی صورت

نہ وہ دیوار کی صورت نہ وہ در کی صورت

کس سے پیمان وفا باندھ رہی ہے بلبل

کل نہ پہچان سکے گی گل تر کی صورت

واعظو آتش دوزخ سے جہاں کو تم نے

یہ ڈرایا ہے کہ خود بن گئے ڈر کی صورت

ان کو حالیؔ بھی بلاتے ہیں گھر اپنے مہماں

دیکھنا آپ کی اور آپ کے گھر کی صورت

مقطع سے متعلق ایک لطیفہ، مولانا شبلی کی زبان سے سنا ہوا عرض کرنے کی اور

اجازت دیجئے۔ علی گڑھ کے طالب علموں کی شوخیاں سارے زمانہ میں مشہور ہیں۔ حالیؔ کی یہ غزل جب اول بار شائع ہوئی تو کالج کے ایک نوجوان، داؤد احمد امروہوی مرحوم کو اس پر تضمین کی سوجھی۔ سننے کے قابل مقطع کا بند ہے،

چاہیے جبکہ ارادہ کرے کوئی انساں
دیکھ لے خوب کہ ہے شوق وہ اس کے شایاں
سن کے لوگوں سے کہ آئے تھے وہ داؤد کے ہاں
ان کو حالیؔ بھی بلاتے ہیں گھر اپنے مہماں
دیکھنا آپ کی اور آپ کے گھر کی صورت

تعزیر جرم عشق والا شعر شروع مضمون میں عرض ہو چکا۔ اب دو شعر اور اسی غزل کے پیش ہیں،

گر درد دل سے پائی بھی اے چارہ گر شفا
آتی ہے دل کی موت نظر اس شفا کے بعد
مدت سے تھی دعا کہ ہوں بدنام شہر شہر
بارے ہوئی قبول بہت التجا کے بعد

عاشقی میں بجز رسوائی اور بدنامی کے اور رکھا کیا ہے۔ عاشق کا کمال یہ ہے کہ اس زمانہ بھر کی رسوائی سے مغموم نہیں ہوتا۔ بچنا نہیں چاہتا ہے، الٹا خوش ہوتا ہے اور اس کی طلب و تلاش میں نکلتا ہے۔ معرفت کے رنگ میں یہ مطلع چھوڑتے نہیں بنتا،

ہے یہ تکیہ تیری عطاؤں پر

وہی اصرار ہے خطاؤں پر

اکبر نے بھی ایک مصرع میں یہی مضمون ادا کیا ہے۔ اسی کی عظمت سے کوئی خائف، اسی کی رحمت پہ کوئی غافل!

شاعر اردو کے تھے لیکن کہیں کہیں عربی مصرعے اس بے تکلفی، سلاست اور برجستگی کے ساتھ لگائے ہیں کہ جیسے شعر اپنی ہی زبان میں کہہ رہے ہیں۔

یاد میں تیری سب کو بھول گئے
کھو دیے ایک دکھ نے سب امراض
دیکھیے تو بھی خوش ہے یا ناخوش
اور تو ہم سب سے ہیں کچھ ناراض
کہتے کہتے، کہتے ہیں،
لا ابالی بان یعاتبنی
کل ناس وانت عنی راض

یہ وہی مضمون ہے جسے محمد علیؒ جوہر آپنے رنگ میں یوں باندھ گئے ہیں،

کیا ڈر ہے جو ہو ساری خدائی بھی مخالف
کافی ہے اگر ایک خدا میرے لیے ہے

ایک اور عربی مصرعہ اسی غزل میں،

ہے فقیہوں میں اور ہم میں نزاع
ہل لنا فی نزاعنا من قاض

لیجئے، دیوان کی جلدی جلدی ورق گردانی کرتے کرتے ہم آپ، ردیف میم

تک پہنچ گئے۔ ایک غزل پر نظم جم کر رہ گئی۔ معاملہ بندی کی ساری نزاکتوں کے ساتھ ساتھ، یہ متانت، یہ احتیاط، یہ ضبط، حالی کا حصہ ہے،

آگے بڑھے نہ قصۂ عشق بتاں سے ہم
سب کچھ کہا مگر نہ کھلے رازداں سے ہم
اب بھاگتے ہیں سایۂ عشق بتاں سے ہم
کچھ دل سے ہیں ڈرے ہوئے کچھ آسماں سے ہم
جنت میں نہیں اگر اے زخم تیغ عشق
بدلیں گے تجھ کو زندگی جاوداں سے ہم
اب شوق سے بگاڑ کی باتیں کیا کرو
کچھ پا گئے ہیں آپ کی طرز بیاں سے ہم

یہ شعر اگر حالی کے دیوان سے نکال کر، مومن یا شیفتہ کے دیوان میں لگا دیے جائیں تو کسی کو کچھ پتہ بھی چلنے پائے گا؟ "گرانیاں،" "کہانیاں ہیں" والی غزل اس زمانہ کی ہے جب حالیؔ شاعر، حالی واعظ کے قالب میں آچکے تھے، اس پر بھی ذیل کے دونوں شعر دیکھئے، شعر کی زمین ہے کہ آسمان سے باتیں کر رہی ہے،

کہتے ہیں جس کو جنت وہ ایک جھلک ہے تیری
سب واعظوں کی باقی رنگیں بیانیاں ہیں
روتے ہیں چار ہم پر ہنستے ہیں چار ہم پر
یاں تک ہماری پہنچی اب ناتوانیاں ہیں

غزلوں کے متفرق اشعار کثرت سے گزر چکے، اب پوری غزل نمونہ کے طور

پر ملاحظہ میں آجائے کہ انتخاب اشعار میں رورعایت کا شبہ نہ رہے، فرماتے ہیں اور ہر ہر شعر پر پڑھنے والے سے داد وصول کیے جاتے ہیں،

ہے جستجو کہ خوب سے ہے خوب تر کہاں
اب ٹھہرتی ہے دیکھئے جا کر نظر کہاں
ہیں دور جام اول شب میں خودی سے دور
ہوتی ہے آج دیکھئے ہم کو سحر کہاں
یارب اس اختلاط کا انجام ہو بہ خیر
تھا اس کو ہم سے ربط مگر اس قدر کہاں
اک عمر چاہئے کہ گوارا ہو نیش عشق
رکھی ہے آج لذتِ زخم جگر کہاں
بس ہو چکا بیان کسل ورنج راہ کا!
خط کا میرے جواب ہے اے نامہ بر کہاں
کون ومکاں سے ہے دل وحشی کنارہ گیر
اس خانماں خراب نے ڈھونڈھا ہے گھر کہاں
حالیؔ نشاط نغمہ و مے ڈھونڈتے ہو اب
آئے ہو وقت صبح رہے رات بھر کہاں

غزل نو شعر کی ہے، مراتب کا فرق یقیناً ان کے درمیان ہے لیکن فرمائیے اس میں پست ولغو شعر، نکال ڈالنے کے قابل کون سا ہے؟ کلام کی خشکی، اگر اسی کا نام ہے تو آخر 'تری' کے نمونے کہاں ملیں گے؟ ردیف یے، میں دو مختصر غزلیں 'گمان

رہے، نشان رہے' کی زمین میں ہیں۔ اس زمین کے دو ایک شعر ایسے صاف، سجل اور گویا سانچے میں ڈھلے ہوئے ہیں کہ بے تکلف زبان پر چڑھ گئے ہیں۔

کل مدعی کو آپ پہ کیا کیا گماں رہے
بات اس کی کاٹتے رہے اور ہم زباں رہے
دیر و حرم کو تیرے فسانوں سے بھر دیا
اپنے رقیب آپ رہے ہم جہاں رہے
یارانِ تیز گام نے محمل کو جالیا
ہم محو نالۂ جرسِ کارواں رہے
دریا کو اپنی موج کی طغیانیوں سے کام
کشتی کسی کی پار ہو یا درمیاں رہے

حسن قبول اگر ایسے کلام کو حاصل ہو جائے، تو اس پر حیرت ہی کیوں کی جائے۔ مغز و معنی سے قطع نظر سلاست، شستگی، روانی، بے ساختگی کسی حیثیت سے بھی یہ کلام کسی بلند سے بلند نمونہ سے پست ہے؟ کہنے والوں نے کہا ہے کہ حالی جب تک قدیم رنگ میں قائم رہے، اچھی اچھی غزلیں کچھ نہ کچھ بہر حال نکالتے رہی رہے مگر جب سے جدید رنگ میں پڑے، اپنی شاعری کو غارت کر کے رکھ دیا۔ یہ قول کسی حد تک تو شاید صحیح ہو لیکن تمام تر صحیح تو یقیناً نہیں۔ ابھی ابھی جو نمونے کلام کے گزر چکے، ان میں دس شعر اگر دور قدیم کے تھے تو چار دور جدید کے بھی۔ دونوں میں کوئی فرق و امتیاز محسوس ہوا؟ کلام جدید کے بہت سے نمونے اوپر گزر چکے، اب دو چار شعر اسی دور کی ایک اور غزل کے ملاحظہ ہوں،

جنوں کار فرما ہوا چاہتا ہے

قدم دشتِ پیما ہوا چاہتا ہے

بہت کام لینے تھے جس دل سے ہم کو

وہ صرف تمنا ہوا چاہتا ہے

ندرت قافیہ ملاحظہ ہو۔

وفا شرطِ الفت ہے لیکن کہاں تک

دل اپنا بھی تجھ سا ہوا چاہتا ہے

غمِ اشک کو تلخ سمجھے تھے ہمدم

سو وہ بھی گوارا ہوا چاہتا ہے

فزوں تر ہے کچھ ان دنوں ذوق عصیاں

درِ رحمت اب وا ہوا چاہتا ہے

خشکی اگر متانت بیان ہی کا دوسرا نام ہے تو یقیناً یہ اشعار بھی خشک ہیں، لیکن اگر متانت بیان عیب نہیں ہنر ہے، تو خدارا کوئی بتائے کہ خشکی کا اطلاق ایسے کلام پر کس طرح کیا جائے؟ غزلیات کا حصہ اب اچھا خاصا ہو چکا، عجب نہیں کہ اہل بزم، مقالہ نگار کی آشفتہ بیانی وژولیدہ نگاری سے افسردہ وملول ہو چلے ہوں۔ اس لیے اب صرف ایک غزل اور اسی دور جدید کی سن کر یہ ورق الٹ دیجیے:

ملنے کی جو نہ کرنی تھی تدبیر کر چکے

آخر کو ہم حوالۂ تقدیر کر چکے

اے دل اب آزمائش کا ہے وقت

وہ امتحان برش و شمشیر کر چکے
کہتے ہیں طبع دوست شکایت پسند ہے
ہم شکوہ ہائے غیر بھی تحریر کر چکے
بھولے رہے تصور مژگاں میں چند روز
دیکھا تو دل کو ہم ہدف تیر کر چکے
دل لے کے ایک میرا یہ فارغ ہوئے ہیں وہ
گویا کہ اک جہان کو تسخیر کر چکے
حالی اب آؤ پیروئ مغربی کریں
بس اقتدائے مصحفی و میر کر چکے

اور تو جو کچھ ہے، خیر ہئی ہے، خود شوخی کے نمونوں سے یہ کلام کب خالی ہے؟ تیسرے شعر کے اندر لطیف شوخی کی جو کیفیت ہے، اسے لفظوں میں کوئی کیونکر بیان کر دے؟ بس بات کیا ہے وہی کہ نرم مخملیں پنجہ، آہنی دستانہ کے اندر چھپا ہوا، شوخی حدود متانت سے قدم باہر نہیں نکال سکتی اور اپنی لطیف ترین صورتوں ہی میں محدود رہ جاتی ہے۔

قلم کا مسافر، اب ذرا دم لے۔ شعر اب ایک آدھ نہیں رہا۔ دس بیس بھی نہیں سو پچاس شعر ہو چکے۔ کوئی تیر کوئی نشتر۔ اب بھی اس کلام سے وہی بدگمانی چلی جائے گی کہ خشک اور نرا واعظانہ ہے؟ خیال اب بھی یہی قائم رہے گا کہ حالی غزل گوئی میں ہیٹے ہیں؟ غالبؔ اور مومنؔ اور شیفتہؔ آسمان شعر کے آفتاب و ماہتاب ہوئے ہیں۔ انہیں کے معیار پر کیسے، جانچ لیجئے پر کھ لیجئے۔

یہ سب کچھ ہے لیکن اس پر بھی حالیؔ کا اصلی میدان غزل کا میدان نہیں۔ ان کی شاعری 'واہ' کی نہیں 'آہ' کی نہیں، جوش ولولہ کی نہیں، حزن وحسرت کی ہے۔ نوعمری میں جو کچھ بھی رہے ہوں لیکن عمر کی پختگی کے بعد تو گل وبلبل کے افسانے چھوڑ اور زلف وابرو کے جنجال سے نکل، بس قوم کے ہو رہے تھے اور اب وہ تھے اور قوم کے اقبال کا ماتم۔ ساز کوئی سا بھی ہوتا، نغمہ یہی ایک نکلتا، کسی بڑے سے بڑے زندہ دل ظریف کا جوان، چہیتا بیٹا، آنکھوں کے سامنے تڑپ تڑپ کر دم توڑ رہا ہو، اس وقت باپ کے دل پر کیا گزر کر رہے گی؟ منہ قہقہوں کے لیے کھلے گا یا آہ وبکا کے لیے؟ زبان پر حسرت ویاس کے کلمے ہوں گے یا کوئی نئی پھبتی سوجھے گی؟ بس جو حال ہمارا آپ کا، ساری دنیا کا، بیٹوں کے لیے، بھائیوں کے لیے رہتا ہے، حالیؔ کا وہی حال ساری امت اسلامیہ کے لیے، ساری ملت کے لیے۔ ساری قوم کے واسطے تھا۔

یہ حال ان آنکھوں نے بعد کو مشہور قومی لیڈر محمد علی جوہر کا دیکھا، فرق یہ تھا کہ محمد علی کے ہاں طبیعت میں غضب کی تیزی تھی۔ حالیؔ کے ہاں آہ سرد بھی آئین وضابطہ کی زنجیروں میں جکڑی ہوئی۔ ایک کے ہاں تمام تر جوش اور شوریدگی، دوسرے کے ہاں ضبط وتحمل سے ملی ہوئی سنجیدگی۔ محمد علیؒ جدھر سے گزرتے، ایک عالم تہہ وبالا کر دیتے، حالی دلوں میں اندر ہی اندر حزن وغم کی پھانس چبھو کر رہتے۔ محمد علیؒ چیخیں مار مار کر خود روتے ہیں، اور دوسروں کو رلا مارتے ہیں۔ حالی سر جھکائے اداس صورت بنائے چپکے چپکے بیٹھے کلمہ شریف کا ورد کر رہے ہیں، ٹھنڈی سانسیں بھرتے جاتے ہیں اور جب آنکھیں بے اختیار نم ہونے لگتی ہیں تو چٹ رومال نکال

آنسو پونچھ ڈالتے ہیں۔ طبیعت پر حسرت، اداسی اور غمگینی مستقل طور پر غالب ہو گئی تھی۔ جو بات بھی منہ سے نکلتی درد کی کسک سے خالی نہ ہوتی۔

دہلی کے طبیب اعظم، حکیم محمود خاں کا مرثیہ لکھنے بیٹھے، تو لگے بجائے فرد کے قوم کا ماتم کرنے۔ غم نصیب سانحہ زدہ بوڑھیوں کو آپ نے دیکھا کہ دل پر جب تازہ داغ کھاتی ہیں تو ساتھ ہی پچھلے داغ بھی تازہ ہو جاتے ہیں اور بین اپنے آج ہی پر نہیں گزرے ہوئے کل، اور بھولے بسرے ہوئے پرسوں پر بھی کرنے لگتی ہیں۔ حالیؔ کا سینہ بھی داغوں سے لالہ زار بنا ہوا تھا۔ محمود خاں کے مرثیہ کے آخری بند ملاحظہ ہوں۔ اپنے اصل مذاق طبیعت کی مصوری خود ہی کر دی ہے۔ پڑھتے جایئے، اور دل اگر درد مند ہے تو سرد آہیں بھرتے جایئے،

شاید اب پہنچی ہے ہم میں نوبت قحط الرجال
ایک اٹھ جاتا ہے دنیا سے اگر صاحبِ کمال
دوسری ملتی نہیں دنیا میں پھر اس کی مثال
ذات باری کی طرح گویا کہ تھا وہ بے ہمال
ظاہراً اب وقت آخر ہے ہماری قوم کا
مرثیہ ہے ایک کا اب نوحہ ساری قوم کا
سنتے ہی حالیؔ سخن میں تھی بہت وسعت کبھی
تھیں سخنور کے لیے چاروں طرف راہیں کھلی
داستان کوئی بیان کرتا تھا حسن و عشق کی
اور تصوف کا سخن میں رنگ بھرتا تھا کوئی

گاہ غزلیں لکھ کے دل یاروں کے گرماتے تھے لوگ
گہہ قصیدہ پڑھ کے خلعت اور صلے پاتے تھے لوگ
پر ملی ہم کو مجال نغمہ اس محفل میں کم
راگنی نے وقت کی لینے دیا ہم کو نہ دم
نالہ وفریاد کا ٹوٹا کہیں جا کر نہ سم
کوئی یاں رنگین ترانہ چھیڑنے پائے نہ ہم
سینہ کوبی میں رہے جب تک کہ دم میں دم رہا
ہم رہے اور قوم کے اقبال کا ماتم رہا

"ہم رہے اور قوم کے اقبال کا ماتم رہا" اس ایک مصرعہ میں واعظ شاعری کی پوری آپ بیتی آگئی۔

یہ نہ تھا کہ ظرافت نہیں آتی تھی، طنز تو ایسا کر جاتے اور اس کثرت سے کر گئے ہیں کہ کوئی اگر طنزیات حالی کو یکجا کرنے پر آجائے تو طنزیات ومضحکات کا اچھا خاصہ مشتمل رسالہ تیار کر لے جائے لیکن وہی متانت کا طبعی رنگ ظرافت پر بھی چھایا ہوا۔ کھکھلا کر ہنسنا تو جانتے ہی نہیں۔ جب دوسروں کو ہنسانا چاہتے بھی ہیں تو خود محض زیر لب مسکرا کر رہ جاتے ہیں۔ گورے اور کالے کی قسمت کے فرق کا تماشا اپنے وطن کی سرزمین پر آپ بارہا دیکھ چکے ہوں گے، اب ذرا ایک یہ منظر مرقع حالی میں بھی دیکھتے چلیے،

دو ملازم ایک کالا اور گورا دوسرا
دوسرا پیدل مگر پہلا سوار راہوار

تھے سول سرجن کی کوٹھی کی طرف دونوں رواں
کیونکہ بیماری کی رخصت کے تھے دونوں خواستگار
راہ میں دونوں کے باہم ہم ہو گئی کچھ ہشت مشت
کوکھ میں کالے کی ایک مکا دیا گورے نے مار
صدمہ پہنچا جس سے تلی کو بہت مسکین کی
آگے گھوڑے سے لیا سائیس نے اس کو اتار
ٹھوک کر کالے کو گورے نے تو اپنی راہ لی
چوٹ کے صدمہ سے غش کالے کو آیا چند بار
آخرش کوٹھی پہ پہنچے جا کے دونوں پیش وپس
ضارب اپنے پانوں اور مضروب ڈولی میں سوار
ڈاکٹر نے آکے دونوں کی سنی جب سرگزشت
تہہ کو جا پہنچا سخن کی سن کے قصہ ایک بار
دی سند گورے کو لکھی تھی جس میں تصدیق مرض
اور یہ لکھا تھا کہ سائل ہے بہت زار ونزار
یعنی اک کالا نہ جس گورے کے مکے سے مرے
کر نہیں سکتا حکومت ہند پر وہ زینہار
اور کہا کالے سے تم کو مل نہیں سکتی سند
کیونکہ تم معلوم ہوتے ہو بظاہر جاندار
ایک کالا اپٹ کے گورے سے جو فوراً مر نہ جائے

آئے بابا اس کی بیماری کا کیونکر اعتبار

اب کون ایسا بے انصاف ہو گا۔ جو اس کے بعد بھی حالی کی خشک نگاری کا شکوہ سنج رہے چلا جائے گا؟

مشاعرے کی محفل گرم ہے۔ کاملین فن جمع ہیں۔ دہلی کے دور آخر کے استادوں کا مجمع ہے۔ لوگ منتظر ہیں کہ غالبؔ و شیفتہؔ کے شاگرد رشید کی زبان سے کوئی پھڑکتی ہوئی مزیدار سی عاشقانہ غزل سننے میں آئے گی۔ رندی و ہوسناکی کی روح تازہ ہو جائے گی۔ شاعر کا منہ کھلا تو یک بیک یہ معلوم ہوا کہ مشاعرہ نہیں مجلس عزا ہے اور غزل نہیں نوحہ پڑھا جا رہا ہے۔ اگلے عزیز و رفیق سب ایک ایک کر کے یاد آ رہے ہیں اور نام لے لے کر دل کی بھڑاس نکالی جا رہی ہے۔ نوحہ آج بھی اور کاغذ پر چھپا ہوا دل والوں کے لیے موثر ہے۔ ساٹھ سال پیشتر کیسا کچھ رقت انگیز رہا ہو گا! خصوصاً جس وقت قدردانوں کے بھرے مجمع میں شاعر کی زبان سے ان کے پر اثر لہجہ کے ساتھ ادا ہوا ہو گا،

تذکرہ دہلی مرحوم اے دوست نہ چھیڑ
نہ سنا جائے گا ہم سے یہ فسانہ ہر گز
صحبتیں اگلی مصور، ہمیں یاد آئیں گی
کوئی دلچسپ مرقع نہ دکھانا ہر گز
لے کے داغ آئے گا سینہ پہ بہت اے سیاح
دیکھ اس شہر کے کھنڈروں میں نہ جانا ہر گز
چپے چپے پہ ہیں یاں گوہر یکتا تہہ خاک

دفن ہوگا کہیں اتنا نہ خزانہ ہرگز

مٹ گئے تیرے مٹانے کے نشاں بھی اب تو

اے فلک اس سے زیادہ نہ مٹانا ہرگز

ہم کو گر تو نے رلایا اے چرخ

ہم پہ غیر کو تو ظالم نہ ہنسانا ہرگز

یار خود روئیں گے کیا ان پہ جہاں روتا ہے

ان کی ہنستی ہوئی شکلوں پہ نہ جانا ہرگز

بخت سوئے ہیں بہت جاگ کے اے دورِ زماں

نہ ابھی نیند کے ماتوں کو جگانا ہرگز

غالبؔ و شیفتہؔ و نیرؔ و آزردہؔ و ذوقؔ

اب دکھائے گا یہ شکلیں نہ زمانہ ہرگز

مومن و علوی و صہبائی و ممنون کے بعد

شعر کا نام نہ لے گا کوئی دانا ہرگز

کر دیا مر کے یگانوں نے یگانہ ہم کو

ورنہ یاں کوئی نہ تھا ہم میں یگانہ ہرگز

داغؔ و مجروحؔ کو سن لو کہ پھر اس گلشن میں

نہ سنے گا کوئی بلبل کا ترانہ ہرگز

رات آخر ہوئی اور بزم ہوئی زیر و زبر

اب نہ دیکھو گے کبھی لطفِ شبانہ ہرگز

بزمِ ماتم تو نہیں بزم سخن ہے حالیؔ
یاں مناسب نہیں رو رو کے رلانا ہرگز

آج اگر ہمارے آپ کے آنسو نہیں ٹپک پڑتے تو ہمیں "دہلی مرحوم" کے مرحوم ہونے کا احساس ہی کب ہے؟ آنکھوں میں تو اب "نئی دہلی" بسی ہوئی ہے، شاہ جہان آباد جانتا کون ہے؟ اسمبلی ہال کے سامنے، لال قلعہ کو جھانکنے بھی کون جاتا ہے؟ افسانۂ ماضی کو تو ہم ماضی کے حوالے کر ہی چکے، اب رونا آئے بھی تو کس بات پر؟ بھائی اور بیٹے کی تازہ میت پر سب روتے ہیں، بھولے بھالے ہوئے دادا پر دادا کی موت کے ذکر پر آنسو نکلتے کس کے دیکھے ہیں؟

مسدس مد و جزر اسلام فرط شہرت سے محتاج نہ کسی تعریف کا، نہ کسی تعارف کا، نہ کسی نئی مدح و توصیف کا، نہ کسی جدید تبصرہ کا۔ ایک مسلسل داستانِ درد شروع سے آخر تک ہے، آخر میں بہ طور سے ضمیمہ ایک قصیدہ لگا ہوا ہے۔ شاعر مسلمان ہے اور مسلمان کی حیثیت سے، اسلام اور مسلمانوں کا حال زار، دربار رسالت میں عرض کر رہا ہے۔ اس عرض و معروض میں اللہ اکبر کس قدر اخلاص ہے اور کس قدر نیاز، کس درجہ تعلق خاطر ہے اور اصلاح حال کے لیے کس درجہ بے قراری!

اے خاصۂ خاصانِ رسل وقتِ دعا ہے
امت پہ تری آکے عجب وقت پڑا ہے
جو دین بڑی شان سے نکلا تھا وطن سے
پردیس میں وہ آج غریب الغربا ہے

۱۵، ۲۰ شعروں میں اپنے حال کا عبرت انگیز مقابلہ اپنے 'ماضی' سے کرتے

چلے گئے ہیں، اس کے بعد کہتے ہیں،

گو قوم میں تیرے نہیں اب کوئی بڑائی
پر نام تیری قوم کا یاں اب بھی بڑا ہے
ڈر ہے کہیں یہ نام بھی مٹ جائے نہ آخر
مدت سے اسے دور زماں میٹ رہا ہے

آگے پھر وہی مدوجزر اقبال وزوال کی داستان سرائی ہے، لیکن پھر سنبھلتے ہیں اور کہتے ہیں کہ اس میں شکوہ کس کا اور شکایت کس کی؟

اے چشمۂ رحمت بابی انت وامی
دنیا پہ ترا لطف سدا عام رہا ہے
جس قوم نے گھر اور وطن تجھ سے چھڑایا
جب تو نے کیا نیک سلوک ان سے کیا ہے

اس متن کی تھوڑی سی شرح کے بعد پھر متوجہ ہوتے ہیں،

برتاؤ ترے جبکہ یہ اعدا سے ہیں اپنے
اعدا سے غلاموں کو کچھ امید سوا ہے
امت میں تیری نیک بھی ہیں بد بھی ہیں لیکن
دلدادہ ترا ایک سے ایک ان میں سوا ہے

امت کا جو تعلق رسولؐ کے ساتھ ہے، اس کا مقابلہ دنیا کا کوئی تعلق کر سکتا ہے؟،

جو خاک تیرے در پہ ہے جاروب سے اڑتی

وہ خاک ہمارے لیے داروئے شفا ہے

جو شہر ہوا تیری ولادت سے مشرف

اب تک وہی قبلہ تیری امت کا رہا ہے

جس شہر نے پائی تیری ہجرت سے سعادت

کعبہ سے کشش اس کی ہر اک دل میں سوا ہے

آخر میں گویا دل چیر کر سامنے رکھ دیتے ہیں،

ہم نیک ہیں یا بد ہیں پھر آخر ہیں تمہارے

نسبت بہت اچھی ہے اگر حال برا ہے

خود جاہ کے طالب ہیں نہ عزت کے ہیں خواہاں

پر فکر تیرے دین کی عزت کا سدا ہے

گر دین کی جو کھوں نہیں ذلت سے ہماری

امت تری ہر حال میں راضی برضا ہے

عزت کی بہت دیکھ لیں دنیا میں بہاریں

اب دیکھ لیں یہ بھی کہ جو ذلت میں مزا ہے

اس منزل پر پہنچ کر معاً یاد پڑ جاتا ہے کہ موقع ناز یوسفی کا نہیں، نیاز یعقوبی کا ہے۔

ہاں حالی گستاخ نہ بڑھ حد ادب سے

باتوں سے ٹپکتا تری اب صاف گلِا ہے

ہے یہ بھی خبر تجھ کو کہ ہے کون مخاطب

یا جنبشِ لب خارج از آہنگ خطا ہے

یہ دل کی شاعری اس کی تھی، جس کے محض ایک خشک وعظ گو ناظم ہونے کا ڈھنڈورا کس بے دردی اور ناانصافی کے ساتھ ایک عالم میں پٹ گیا تھا۔

واعظ شاعر کی عام وعظ گوئی اور عام شاعری کے نمونے آپ نے دیکھ لیے۔ غزلیات کے حصہ کو چھوڑ کر باقی شاعری ایک مسلمان شاعر کے دل کی آواز تھی۔ ماتم تمام تر زوال امت اسلامیہ کا، مصوری تمام تر جذبات ملی کی۔ اب ختم صحبت پر ایک اچٹتی سی نظر حالیؔ کی آفاقی شاعری پر بھی ہو سکے تو بہتر ہے، آفاقی شاعری اسلامی شاعری سے الگ اور متغائر کوئی چیز نہیں، اس کے بلند ترین مقام کا نام ہے۔ بندہ اور پروردگار کے تعلق سے بڑھ کر وسیع وعالمگیر تعلق اور ہو بھی کیا سکتا ہے؟ شاعر نے جب براہ راست رب العالمین سے آہ وفریاد شروع کر دی، اور شاعری میں قید وتعینات کی جگہ وحدت نے لے لی، بس وہیں سے آفاقی شاعری ہو گئی۔ اور یہ ہیچمدان تو یہ عرض کرے گا کہ حالی نے عمر بھر بجز ایک "بیوہ کی مناجات" کے اگر کچھ نہ کہا ہوتا، تو ان کے لیے یہی ایک نظم دنیا عقبیٰ دونوں میں بس تھی، باتیں اتنی سچی اور ایسی روح کی گہرائیوں سے نکلی ہوئیں کہ آسمان کے فرشتے بھی سن کر سر دھنیں۔ بول اتنے میٹھے کہ خود معصیت بڑھ کر بلائیں لینے لگے۔ ذرا سنیے اور دل تھام کر سنیے۔

اے سب سے اول اور آخر

جہاں تہاں حاضر اور ناظر

اے بالا ہر بالاتر سے

چاند سے سورج سے امبر سے
سب سے انوکھے سب سے نرالے
آنکھ سے اوجھل دل کے اجالے
ناؤ جہاں کی کھینے والے
دکھ میں تسلی دینے والے
جب اب تب تجھ سا نہیں کوئی
تجھ سے سب ہیں تجھ سا نہیں کوئی
بید، نرا سے بیماروں کا
گاہک مندے بازاروں کا
سوچ میں دل بہلانے والا
بپتا میں یاد آنے والا

حمد باری صدہا بار آپ سن چکے ہوں گے۔ اتنی سادہ، اتنی معصومانہ، ساتھ ہی اتنی مؤثر حمد کا کوئی جواب اردو کے خزانے میں کہیں ہے؟

اے اٹکل اور دھیان سے باہر
جان سے اور پہچان سے باہر
عقل کوئی پا نہیں سکتا
بھید ترے حکموں میں ہیں کیا کیا
ایک کو تو نے شاد کیا ہے
ایک کے دل کو داغ دیا ہے

کھیتی ایک کی ہے لہراتی
ایک کا ہر دم خون سکھاتی
حال غرض دنیا کا یہی ہے
غم پہلے اور بعد خوشی ہے
رنج کا ہے دنیا کے گلا کیا
تحفہ یہی لے دے کے ہے یاں کا

مناجاتیں آپ نے بہتوں کی سنی ہوں گی۔ بڑے بڑے عابدوں زاہدوں کی سنی ہوں گی، اب فریاد اس بیکس و بے بس، بے آس اور نامراد دکھیاری کی بھی سنتے چلیے،

یہاں نہیں بنتی رنج سہے بن
رنج نہیں سب ایک سے لیکن
تو ہی کر انصاف اے مرے مولا
کون ہے جو بے آس ہے جیتا
خواہ دکھی ہے خواہ سکھی ہے
جو ہے اک امید اس کو بندھی ہے
کھیتیاں جن کی کھڑی ہیں سوکھی
آس وہ باندھے بیٹھے ہیں مینھ کی
ایک ہے اس امید پہ جیتا
اب ہوئی بیٹی اب ہوا بیٹا

پر نہیں اٹھ سکتی وہ ہے مصیبت
آئے گی جس کے بعد نہ راحت
شاد ہو اس رہگیر کا کیا دل
مر کے کٹے گی جس کی منزل
ان اجڑوں کو کل پڑے کیونکر
گھر نہ بسے گا جن کا جنم بھر

آگے بڑھنے سے قبل، اگر خدا نخواستہ آپ کے حلقہ میں کوئی بپتا کی ماری نوجوان بیوہ ہو تو اس کا تصور ذہن میں جما لیجیے۔ نو عمری کا زمانہ، شوخی و شرارت کا ہونا، کھیلنا کھانا، دوڑنا، بات بات پر ہنسنا ہنسانا، ماں باپ نے بیاہ کس شوق کس خوشی سے رچایا۔ ہاتھوں پیروں میں مہندی لگی، نئے نئے بھاری جوڑے، نئے نئے زیور گہنے، طرح طرح کی رنگینیاں، نت نئی شوخیاں، دل میں کیسے کیسے ارمان بھرے ہوئے، نظروں میں کیا کیا نقشے جمے ہوئے! اتنے میں یک بیک یہ سب غائب۔ سارا منظر محض خواب و خیال۔ یہ ہاتھ اب عمر بھر چوڑیوں کو ترسیں گے۔ یہ کپڑے اب کبھی خوشبو سے آشنا نہ ہوں گے، خوشبو کیسی رنگین کپڑے تک اب نصیب نہ ہوں گے۔ دنیا اپنے عیش کے کاروبار میں مصروف، محلہ اور برادری میں شادیوں کو دھومیں، خاص اپنے گھر میں برسات کی ملاریں، جھولے پڑ رہے ہیں، کھیل پر کھیل ہو رہے ہیں۔ ساتھ کی کھیلنے والیاں ساتھ کی مانگی بیاہی ہوئیں، نئی نئی ساڑیاں باندھے شوخ رنگ کے بلاؤز پہنے، کیسے کیسے طرحدار دوپٹے اوڑھے، آنکھوں کے سامنے کوئی ہنس رہی ہے کوئی دوڑ رہی ہے اور ایک یہ مصیبت کی ماری ہے کہ اپنی قسمت کو

رو رہی ہے،

آئیں بہت دنیا میں بہاریں
عیش کی گھر گھر پڑیں پکاریں
پڑے بہت باغوں میں جھولے
ڈھاک بہت جنگل میں پھولے
گئیں اور آئیں چاندنی راتیں
برسیں کھلیں بہت برساتیں
پر نہ کھلی ہر گز نہ کھلے گی
وہ جو کلی مرجھائی تھی دل کی
آس ہی کا یاں نام ہے دنیا
جب نہ رہی یہ ہی تو رہا کیا
حکم سے تیرے پر نہیں چارا
کڑوی میٹھی سب ہے گوارا
تجھ سے کہیں گر بھاگنا چاہیں
بند ہیں چاروں کھونٹ کی راہیں
تو مارے اور نوازے
پڑی ہوں میں تیرے دروازے
تجھی کو اپنا جانتی ہوں میں
تجھ سے نہیں تو کس سے کہوں میں

سہیلیاں زیوروں سے لدی ہوئی ہیں، کس شوق سے کس چاؤ سے ایک دوسرے کو اپنے اپنے زیور دکھائے جارہے ہیں۔ ہاتھوں میں مہندیاں رچی ہوئی ہیں، پھولوں کے گہنے سر اور گلے کو زینت دیے ہوئے ہیں۔ نازک نازک پنڈے عطر کی خوشبوؤں سے مہک رہے ہیں، کہیں ذکر میاں کی چاہ پیار کا ہو رہا ہے، کہیں تذکرے سسرال کی نازبرداریوں کے ہو رہے ہیں، کہیں کسی پر فقرے کسے جارہے ہیں، قہقہوں کا غل ہے، رنگ رلیاں منائی جارہی ہیں۔ ادھر ایک بیچاری اللہ کی بندی ایسی ہے جس کے ہاتھ بھی ننگے اور کان بھی۔ جسم رنڈاپے کی سفید چادر سے چھپا ہوا اس کا بھی آخر وہی ہے، کیا اس کے دل میں کوئی ارمان نہیں رہا ہے؟ اس کا قلب امنگوں سے، حوصلوں سے، ولولوں سے خالی بنایا گیا ہے؟ کیا اس دکھیاری کا جی نہیں چاہتا کہ کوئی اس کا بھی نازبردار ہوتا؟ یہ بگڑتی اور کوئی مناتا، یہ فرمائشیں کرتی اور کوئی دل وجان سے انہیں پوری کر کے دیتا؟ روتی جاتی ہے اور کہتی جاتی ہے،

اے میرے زور اور قدرت والے
حکمت اور حکومت والے
میں لونڈی تیری دکھیاری
دروازے کی تیرے بھکاری
موت کی خواہاں جان کی دشمن
جان پہ اپنی آپ اجیرن
اپنے پرائے کی دھتکاری
میکے اور سسرال پہ بھاری

ایک خوشی نے غم یہ دکھائے
ایک ہنسی نے گل یہ کھلائے
رو نہیں سکتی تنگ ہوں یاں تک
اور روؤں تو روؤں کہاں تک
دن بھیانک اور رات ڈرانی
یوں گزری ساری یہ جوانی
بہنیں اور سہیلیاں میری
ساتھ کی تھیں جو کھیلیاں میری
مل نہ سکیں جی کھول کے مجھ سے
خوش نہ ہوئیں ہنس بول کے مجھ سے
جب آئیں رو دھو کے گئیں وہ
جب گئیں بے کل ہو کے گئیں وہ
آگ کھلی دل کی نہ کسی پر
گھل گئی جان اندر ہی اندر
تہواروں کا آئے دن آنا
اور سب کا تہوار منانا
وہ چیت اور پھاگن کی ہوائیں
وہ ساون بھادوں کی گھٹائیں
وہ گرمی کی چاندنی راتیں

وہ ارمان بھری برساتیں
کس سے کہوں کس طرح سے کاٹیں
خیر کٹیں جس طور سے کاٹیں
رہ گیا دے کر چاند دکھائی
چاند ہوا پر عید نہ آئی
رت بدلی پر ہوئی نہ برکھا
بادل گرجا اور مینہ نہ برسا
ریت میں ذرے دیکھ چمکتے
دوڑ پڑی میں جھیل سمجھ کے

حسرت نصیب اپنے دن کو دیکھتی ہے اور آسمان کی طرف دیکھ کر رہ جاتی ہے، پھر بلک بلک کر اپنے اسی مالک و مولیٰ سے کچھ عرض کرنے لگتی ہے۔ جو کسک اس کی آواز میں ہے، وہ عابدوں اور زاہدوں کو بھی کہاں نصیب؟ عمر بھر کے مجاہدے ایک طرف، اور ایک گھڑی کی یہ شکستگی، یہ بے چارگی، یہ اپنی بندگی کا مشاہدہ دوسری طرف۔ کہتی جاتی ہے اور سننے والوں کے دل ہلائے لرزائے دیتی ہے،

اے دین اور دنیا کے مالک
اے راجا اور پرجا کے مالک
سب پہ کھلا ہے در رحمت کا
برس رہا ہے مینہ نعمت کا
سب کو تیرے انعام تھے شامل

میں ہی نہ تھی انعام کے قابل

اگر کچھ آتا بانٹ میں میری

سب کچھ تھا سرکار میں تیری

تھی نہ کمی کچھ تیرے گھر میں

نون کو ترسی میں سانبھر میں

پہر دن یہ سوچتی ہوں جی میں

آئی تھی میں کیوں اس نگری میں

رہی اکیلی بھری سبھا میں

پیاسی رہی بھری گنگا میں

قسمت نے جب سے منہ موڑا

آدمیوں کا ہو گیا توڑا

تیرے سوا اے رحم کے بانی

کون سنے یہ رام کہانی

کوئی نہیں لاگو اب میرا

باپ نہ بھائی ساس نہ سسرا

شاعر کی تخیل آرائی نہیں ہے، واقعات لکھ رہا ہے اپنے زمانے کے۔ واقعات و مشاہدات کہتے ہیں کہ شاعر وہ ہے جو جھوٹ کو سچ بنا کر دکھائے۔ حالانکہ شاعری کا سب سے بڑا کمال واقعہ نگاری ہے، مشاہدات سے واقعات سے بڑھ کر مؤثر اور کون شئے ہو سکتی ہے،

روئیے تو سب روتے ہیں گھر کے
رونے نہیں دیتے جی بھر کے
ہنسئے، تو ہنسنا عیب ہے ہم کو
کیونکر الٰہی کاٹئے، غم کو
مہندی میں نے لگانی چھوڑی
پٹی میں نے جمانی چھوڑی
کپڑے مہینوں میں ہوں بدلتی
عطر نہیں میں بھول کے ملتی
سرمہ نہیں آنکھوں میں لگاتی
بال نہیں برسوں گندھواتی
دو دو چاند نہیں سر دھوتی
اٹھواروں کنگھی نہیں ہوتی
کان میں پتے ہاتھ میں کنگن
پہن چکی سب جب تھی سہاگن
آپ کو یاں تک میں نے مٹایا
پر دنیا کو صبر نہ آیا
وہم نے ہے اک ایک کو گھیرا
جب دیکھو تب ذکر ہے میرا

ان دکھیاریوں پر جو جو ظلم ابھی ایک نسل ادھر تک عام تھے بلکہ کہیں کہیں

اب بھی جاری ہیں، کس ادھیڑ سن والے کے علم میں نہیں؟ کن پرانی آنکھوں نے وہ جگر خراش منظر نہیں دیکھے ہیں؟ اس وقت کے کس کان نے وہ فریادیں نہیں سنی ہیں؟ یہ دور وہ تھا، جب کسی بیوہ کے عقد کا نام لینا ہی ہمسایہ قوم کی دیکھا دیکھی، خود مسلمانوں میں خاندان کی ناک کٹ جانے کے مرادف قرار پا چکا تھا۔ آن پر مٹ جانے والی، شرافت پر جان دینے والی، کمسن، بیوہ، اپنی عزت پر گواہ آسمان کے چھٹکے ہوئے تاروں اور گھر کے دروں، دیواروں سب کو لاتی ہے،

اے امبر کے چمکتے ہوئے تارو
اے گھر کے در و دیوارو!
اے جانی پہچانی راتو!
تنہائی کی ڈرانی راتو!
ایک دن اس گندی دنیا سے
جانا ہے مالک کے آگے
جب وہاں پوچھ ہو میری تیری
تم سب دیجو گواہی میری
میں نیکی کا دم نہیں بھرتی
پاکی کا دعویٰ نہیں کرتی
پر یہ خدا سے ڈر کے ہوں کہتی
منہ پہ یہ آئے بن نہیں رہتی
خواہ بری تھی خواہ بھلی میں

بات سے اپنی نہیں ٹلی میں
ساتھ نہ قوم اور دیس کا چھوڑا
اور نہ خدا کے عہد کو توڑا
اے ایمان کے رکھنے والے
اے نیت کے پرکھنے والے
میں نہیں رکھتی کام کسی سے
چاہتی ہوں انصاف تجھی سے
حکم پہ چلتی تیرے اگر میں
چین سے کرتی عمر بسر میں
لیکن ہٹ پیاروں کی یہی تھی
مرضی غم خواروں کی یہی تھی
اپنے بڑوں کی رت نہ چھوٹے
قوم کی باندھی رسم نہ ٹوٹے
جان کسی کی جائے تو جائے
آن میں اپنی فرق نہ آئے
تجھ پہ ہے روشن اے میرے مولیٰ
وقت یہ کیسا مجھ پہ پڑا تھا
آن سنبھالے جان تھی جاتی
جان بچائے آن تھی جاتی

طے کرنے تھے سات سمندر
حکم یہ تھاہاں پانوں نہو تر
جان نہ سمجھا جان کو اپنی
دیا نہ جانے آن کو اپنی
اے اچھے اور برے کے بھیدی
کھوٹے اور کھرے کے بھیدی
بھیدوں کے جاننے والے
پاپ اور پن کے چھاننے والے
عیب اور گن سب تجھ پہ ہیں روشن
پاپ اور پن سب تجھ پہ ہیں روشن
کان اور آنکھیں ہاتھ اور بازو
جن جن پر تھایاں مجھے قابو
سب کو بدی سے میں نے بچایا
سب کو خودی سے میں نے ہٹایا
روک کے اور یوں تھام کے آپا
میں نے یہ کاٹا اپنا رنڈاپا
تو ہے مگر اس بات کا دانا
میں نے کہا دل کا نہیں مانا
تھا منا دل کا کام تھا میرا

اور تھمانا کام تھا تیرا
پکڑے اگر تو دل کی خطا پر
میں راضی ہوں تیری رضا پر

اپنی تو خیر جیسی بھی گزری گزر گئی، اب دھیان ہے تو اس کا کہ اور بہت سی بہنوں پر بھی یہی وقت پڑا ہوا ہے، ان بیچاریوں کی تو مشکل کسی طرح آسان ہو، بندی اپنے چاہنے والے مالک اور مولیٰ سے کہتی ہے،

اے غم خوار ہر ایک بیکس کے
حامی ہر عاجز بے بس کے
ہے اپنے عاجز بندوں پر
پیار تیرا ماں باپ سے بڑھ کر
جس نے گلی میں تجھ کو پکارا
سامنے تیرے ہاتھ پسارا
پھرا نہ خالی اس چوکھٹ سے
گیا نہ پیاسا اس پنگھٹ سے
گھر بسنے کی آس نہ رہنی
ساری عمر جدائی سہنی
ہے وہ بلا جو سہی نہ جائے
بپتا ہے جو کہی نہ جائے
قدر اس کی یا تو پہچانے

یا جس پر گزری ہو وہ جانے
اے خاوند خداوندوں کے
مالک خاوند اور بندوں کے
واسطہ اپنی خداوندی کا
صدقہ اپنی خداوندی کا
تو یہ کسی کو داغ نہ دیجو
کسی کو بے وارث مت کیجو
جس دکھیا پر پڑے یہ بپتا
کر اسے تو پیوند زمیں کا
یا عورت کو پہلے بلالے
یا دونوں کو ساتھ اٹھالے

اس سوز دل سے نکلی ہوئی دعائیں کہیں رائیگاں جا سکتی تھیں؟ جہاں تک مسلمان کا تعلق ہے اس ۶۰، ۵۰، سال کے عرصہ میں ہندوستان میں رانڈوں کی بپتا تقریباً دور ہو گئی ہے اور کچھ اصلاح بڑی حد تک ہمسایہ قوم میں بھی ہو کر رہی ہے۔

خاتمہ پر واعظ شاعر نے وہی کہا ہے جو آج تک سارے واعظ اور سارے حقیقی شاعر برابر کہتے چلے آئے ہیں۔ کیسی بیوگی اور کہاں کا سہاگ، نہ اس کو قیام نہ اس کو ثبات، ساری لذتیں فانی اور سارے عیش آنی۔ کسی کی پھولوں کی سیج پر لیٹ لیٹ کر گزری تو کیا اور کسی نے کانٹوں پر لوٹ لوٹ کے کاٹی تو کیا۔ بشریت کا تقاضا تھا جو زبان پر اتنی بھی حکایت و شکایت آگئی، پیار ہو تو اسی من موہن کا جسے کبھی فنا نہیں،

دل میں لگن ہو تو اسی ایک کی جس کا عہد کبھی ٹوٹنے والا نہیں، جس کی خداوندی کبھی ختم ہونے والی نہیں، بیوہ کی یہ مناجات واعظ شاعر کی وعظ گوئی اور شاعری دونوں کا نچوڑ ہے:

دکھ سے یہاں کے گھبرانا کیا
سکھ پہ ہے یاں کے اترانا کیا
عیش کی یاں مہلت ہے نہ غم کی
سب یہ نمائش ہے کوئی دم کی
آنی جانی چیز ہیں خوشیاں
چلتی پھرتی چھاؤں ہیں ارماں
منگنی بیاہ برات اور رخصت
میل ملاپ سہاگ اور سنگت
ہیں دو دن کے سب بہلاوے
آگے چل کر ہیں پچھتاوے
ریت کی سی دیوار ہے دنیا
اوچھے کا سا پیار ہے دنیا
ہار کبھی اور جیت کبھی ہے
اس نگری کی ریت یہی ہے

خواہ ہو رانڈ اور خواہ سہاگن

موت ہے سب کی جان کی دشمن

ایک ہے گو آج ایک سے بہتر

مر گئیں جب دونوں ہیں برابر

اور کوئی گر انصاف سے دیکھے

مر کے اسے نسبت نہیں اس سے

عیش گئی وہ چھوڑ کے یاں کے

قید گئی یہ کاٹ کے یاں سے

اس کو پڑی کل اس کی گئی کل

یہ گئی ہلکی وہ گئی بوجھل

شاعر کا آخری پیام وہی ہے جو عارفوں کا ہمیشہ رہا ہے، یہ سوز بھی اگر کسی دل میں آگ نہ لگا سکے تو یقیناً وہ دل نہیں ہے پتھر کا ٹکڑا ہے۔

تیرے سوا یاں اے مرے مولیٰ

کوئی رہا ہے اور نہ رہے گا

پڑی تھی سونی جب یہ نگریا

تیری ہی تھی یاں کھڑی اٹریا

چاہتی ہوں اک تیری محبت
اور نہیں رکھتی کوئی حاجت
گھونٹ اک ایسا مجھ کو پلادے
تیرے سوا جو سب کو بھلادے
آئے کسی کا دھیان نہ جی میں
کوئی رہے ارمان نہ جی میں
دل میں لگن بس اپنی لگادے
سارے غم اپنے غم میں کھپادے
وہاں سے اکیلی آئی ہوں جیسی
ویسی ہی یاں سے جاؤں اکیلی
دل نہ پھرے دنیا میں بھٹکتا
کوئی رہے کانٹا نہ کھٹکتا
جی سے نشاں پیاروں کا مٹادوں
پیار کے منہ کو آگ لگادوں
تو ہی ہو دل میں تو ہی زباں پر
مار کے جاؤں لات جہاں پر

پاؤں تجھے اک اک کو گنوا کر

خاک میں جاؤں سب کو ملا کر

یہ مناجات تو وہ ہے کہ اگر مناسب ماحول میں پڑھی جائے تو عجب نہیں جو در و دیوار بھی جھوم جھوم کر اپنی بولی میں اس پر "آمین" کہہ اٹھیں پھر انسان کا دل تو آخر انسان ہی کا دل ہے!

حاشیہ

(۱) انیسویں صدی عیسوی کے آخری میں لکھنؤ کا بہت مشہور و ممتاز ادابی اور ظریفانہ ہفتہ وار ظرافت اس دور میں شخصی تعریفیں و تمسخر اور کسی کو "بنانے" کی مترادف تھی۔

***